抱朴

抱
朴

方北辰 ◎ 著

司馬懿

无敌忍者的
破阵曲

上海古籍出版社

图书在版编目（CIP）数据

司马懿：无敌忍者的破阵曲 / 方北辰 著 . —上海：
上海古籍出版社，2024.5
（方北辰说三国）
ISBN 978-7-5732-1137-8

Ⅰ . ①司… Ⅱ . ①方… Ⅲ . ①司马懿（179–251）–传
记 Ⅳ . ①K827=361

中国国家版本馆CIP数据核字（2024）第078270号

方北辰说三国

司马懿：无敌忍者的破阵曲

方北辰 著

上海古籍出版社出版发行

（上海市闵行区号景路 159 弄 1-5 号 A 座 5F 邮政编码 201101 ）

（1）网址：www.guji.com.cn

（2）E-mail：guji1 @ guji.com.cn

（3）易文网网址：www.ewen.co

浙江临安曙光印务有限公司印刷

开本 787×1092 1/32 印张 9.625 插页 7 字数 161,000

2024 年 5 月第 1 版 2024 年 5 月第 1 次印刷

ISBN 978-7-5732-1137-8

K · 3586 定价：58.00 元

如有质量问题，请与承印公司联系

自　序

　　古语说得好，开卷有益。而开卷读三国，纵观历史风云变幻，品味英雄奋斗人生，从而开阔眼界，洞察人性，增长智慧，提升能力，确实可以获益良多。

　　司马懿字仲达，是名副其实的出将入相四朝元老，也是曹魏皇朝最早的掘墓人，西晋统一皇朝最早的奠基者。

　　他在后世的小说当中和舞台之上，都是以老奸巨猾、阴险毒辣的反面形象出现，而在历史的真实记载之中，这并非他的庐山真面目。他出自世代以经学传家的官宦大族，不仅极具施政的才能，而且擅长用兵的本事，是三国时期也不多见的文武全才。他又城府深沉，老成练达，善于争取人心，而且家族人多势众，儿子能干出色，更何况他的寿命又长达七十三岁。他拥有的资源太多，优势太大，而曹氏皇族的实力，却又因腐化堕落而迅速全面下滑，以至于到了曹魏后期连续三名小皇帝在位之日，这位独力支撑皇朝政权大厦的白发老臣，如同三十年前的曹操，即便不想萌生改朝换代的野心都不可能了。当他瞑目长逝之日，便是曹魏皇朝即将寿终正寝之时，而蜀汉、孙吴两家的灭亡也为期不远。

天下大势为何会分久必合，那是因为百姓大众企盼结束分裂带来的剧烈痛苦，以潜在的巨大力量推动统一。既然统一最为顺应民心，那么作为西晋统一皇朝最早的奠基者，司马懿也应当得到今天我们公正客观的对待和评价。

他对后世的有益启示，不仅在于他本人的种种是非功过、成败得失，以及他告诉后人政治也是一种很不容易操作的舞台表演，更在于他形象的严重异化。也就是说，别人描绘塑造出来的人物形象，无论重复多少次，经过多少年，都不一定就是真实存在和确凿可信的，能否拨开迷雾看到真相，全看你是否有一双慧眼。

本书描绘了他在政治舞台上极其精彩的"变脸"表演，也记录了他实实在在的文治和武功，而非简单贴上"奸诈""狼顾"的标签而已。总之，这是一部无敌忍者终结三国的破阵曲。

除司马懿之外，这一套系列作品还包括吕布、袁绍、曹丕、刘备、孙权与陆逊的个人评传。每部评传的净字数，大多不超过 15 万字，属于便携式的"口袋书"。作品的基本定位，是具有坚实学术基础的大众化、通俗性读物。它不像史书《三国志》的文言表述那样艰深难懂，也不像小说《三国演义》那样多有虚构移植，失去历史的原真。我精心选取史学典籍的可靠素材，放手运用文学审美的生动笔法，二者有机结合，力求达到生动有趣、简明流畅、雅俗共赏、老少咸宜的既定水准。

作品针对的读者对象非常广泛，不仅适合众多热爱中华悠久历史文化的读者，而且特别适合身处现今激烈竞争社会，非常想从三国英雄创业竞争中吸取有益借鉴的打拼群体和年轻一代。

全书内容的创意设计，突出特色有三：

一是注意入选对象的代表性。将近百年的三国历史，分为酝酿阶段与正式阶段。上述评传中的吕布、袁绍，是汉末割据群雄中的领头人物，属于三国酝酿阶段的代表；而曹丕、刘备、孙权，分别是曹魏、蜀汉、孙吴三个鼎立皇朝的开朝皇帝，属于三国正式阶段的代表；至于陆逊、司马懿，不仅本身都是出将入相的文武全才，而且两人的儿子即司马师、司马昭，陆抗，都是决定三个鼎立皇朝最终命运的关键性人物，所以属于三国中后期的代表。在他们的创业过程中，又与多位著名英豪发生了密切关系。把这批代表和英豪集中在一起，充分描绘他们各自在三国舞台上的亮丽表演，并给予中肯的精彩点评，所以全书堪称是三国英豪的表演大会。

二是注意入选对象的重要性。上述七位传主，都是各个阶段的主导性人物，风云际会，龙虎相争，他们对三国时期历史的走向和格局产生了巨大的影响。他们的经历又彼此关联，相互衔接，完整呈现出三国历史发展的主要脉络和重要图景，所以全书又堪称是三国历史的趣味读本。

三是注意文化与历史的有机结合。首先，在评传的正文中，随时注意结合历史事实，探求背后隐藏的文化玄机。比如介绍三国君主最初所选定的年号，即曹丕的"黄初"，孙权的"黄武"和"黄龙"，刘备的"章武"时，就对为何前面两者都带有"黄"字，而后面的刘备却不带"黄"字的奥妙，运用汉代流行的"五德终始"思想文化理念，做出了清晰而可信的解读。其次，又对需要专门介绍的文化知识，集中撰写了《三国知识窗》的七个专篇，即轶闻篇、风俗篇、文化篇、政体篇、概况篇、军事篇、人物篇，分别放在每册评传的附录当中，从而给读者提供更加丰富、系统、真实、有趣的三国文化知识。读者结合正文去读知识窗，反过来又再读正文，必定会有更多的新收获。

总之，这套作品属于一个有机的多维度整体：既是三国英豪的表演大会，也是三国历史的趣味读本，还是三国文化的知识窗口。具有如此创意设计的系列性读物，相信会得到广大三国历史文化爱好者的欢迎。

我在大学从事三国学术研究，并持续将学术成果进行大众化的普及，至今已超过 40 年。因为深知学术普及的重要，所以坚持不懈；又深知学术普及的不易，所以锐意求新。谢谢诸位关注这套作品，让我们讲好三国的故事，并且将之传播到世界。

百年三国风云史，尽在静心展卷中！

方北辰

公元 2023 年 5 月于成都濯锦江畔双桐荫馆

目录

第一章
乱世名家

　　汉献帝初平元年（190年）仲春二月的一个深夜，京城洛阳（今河南省洛阳市东）处于一片死一般的静寂之中。

　　在南北主干道铜驼街以西不远的一座破败官邸内，主仆上下正在匆匆收拾行装，准备立刻离开洛阳。这座官邸的主人是谁？他们为何要匆匆出走？且听一一道来。

　　这座官邸的主人，复姓司马，名防，字建公，时任汉朝治书侍御史之职。司马防的祖籍，在京都东北的河内郡温县（今河南省温县西）孝敬里。温县司马氏乃是当地的名门世家。其先祖司马卬，在战国末期曾任赵国大将，后随项羽起兵攻秦，秦亡，被封为殷王，建都河内，从此子孙便在河内郡繁衍生息。司马卬的八代孙司马钧，曾任东汉征西将军。司马钧之子司马量，官拜豫章郡太守。司马量之子司马儁，则任颍川郡太守，而司马儁正是官邸主人司马防的父亲。

四十二岁的司马防子嗣众盛，膝下的公子有八个之多。长公子司马朗，字伯达，按照当时通用的虚岁来算，时年二十岁。二公子司马懿，字仲达，时年十二岁。以下六位依次是：司马孚，字叔达；司马馗，字季达；司马恂，字显达；司马进，字惠达；司马通，字雅达；司马敏，字幼达。这八位公子后来都成为有名之士，时人誉为"八达"之家。而"八达"之中，后来最有作为者，当然要数二公子司马懿了。

司马氏兄弟的飞黄腾达是以后的事。此时此刻的他们，却正处于艰难危苦之中。为什么呢？

原来，这"八达"生不逢时，不前不后、不早不晚正巧碰上了东汉末年的董卓之乱。董卓，字仲颖，本是凉州陇西郡临洮县（今甘肃省岷县）人氏。其人勇武粗暴，狡猾残忍，世间少比。凭着过人的膂力和能在马上左右开弓的本事，董卓在行伍中不断迁升，很快爬到了前将军兼并州牧的高位，成为称雄一方的大军阀。公元 189 年，汉灵帝刘宏驾崩，十四岁的皇子刘辩继位，是为少帝。这时，一批为非作歹的宦官，控制了京城精锐的禁卫军，企图进而把持朝政大权。大将军何进对这帮宦竖痛恨万分，便暗中策划，联络同志，以便在适当的时候把宦官一网打尽。为了加强自身的力量，何进竟然把希望寄托在董卓的身上，密令董卓引兵入京，从而恐吓宦官。早已觊觎着中央大权的董卓，得到了如此难得的机会，不禁高兴得连呼天助我也。于是他立即提兵南下，直奔洛阳。这边董卓撞上了好运，那边的何进却倒了大霉。原来何进此人出自屠夫之家，素无深谋远虑，密谋诛杀宦官这等生死攸关的大事，他竟然不注意保守机密，结果消息走漏，堂堂汉朝大将军反被先下手的宦官杀死在皇宫门口。在京城一片混乱之际，董卓率领精兵进入洛阳，把兵权全部抓到手中。强兵在握，董卓便开始为所欲为。他先是把看不顺眼的汉少帝刘辩废黜，改立刘辩九岁的二弟刘协，是为献帝。接着又自任相国，专断朝政。至于随意诛杀朝廷大臣，纵兵掠抢善良百姓，更成了他的家常便饭。从他入京的八月起，到当年的十二月止，在短短的四个月中，董卓硬是把一座安乐繁华的京都，弄成了充满血雨腥风的恐怖世界。

董卓的胡作非为，给一批暗存逐鹿野心的豪强提供了起兵的最好借口。次年初，也就是初平元年（190年）的正月间，函谷关（今河南省新安县东）以东的十余名州郡长官联合起兵，声讨董卓。联军的盟主，是出自东汉第一等高门世家的渤海郡太守袁绍。而"乱世之英雄"曹操，正是联军当中的骨干成员。

面对着声势浩大的倒董浪潮，杀人不眨眼的混世魔王董卓也有几分畏惧。于是，他立即决定，把都城迁往洛阳以西八百里处的长安（今陕西省西安市西北）。二月间，董卓让汉献帝和文武百官先行一步，而他自己则在洛阳指挥将士焚烧皇宫、官府、街市、民居等一切眼睛能够见到的建筑，又挖掘帝王将相的墓葬，掠取其中的金银财宝，最后驱赶数以百万计的百姓出城西入长安，史称当时京都洛阳"二百里内，空屋荡尽，无复鸡犬"。这一场空前惨酷的大灾祸，就是所谓的"董卓之乱"。

自古以来，在社会大动乱、大崩溃面前，人人就平等了。不管你是天潢贵胄、公子王孙，还是平民百姓、贩夫走卒，都要经受苦难的煎熬。眼下的司马家兄弟正是如此。

自去年八月董卓入京以后，司马氏全家上下就一直处于担惊受怕之中。董卓的暴兵时时上门光顾，这都还是小事。最使他们忧心的，乃是一家之主司马防的个人安危。当时司马防官任治书侍御史。这治书侍御史乃是御史台的主要官员。

东汉的御史台是中央的监察机构，其首脑是御史中丞，负责监察百官。御史中丞之下设治书侍御史二人，其职责是以法律决断疑难案件。董卓控制朝政，常以无谓的小事诛杀公卿大臣，根本不管你是否真正触犯了刑律。在这种情况下，负责以法定罪的治书侍御史就日子难过了。附和董卓，罗织罪名枉杀无辜，良心上和舆论上都难以忍受；抵制董卓，坚持公正执法，自己的性命也就难保。所以在这段时间里，司马防每次进宫到御史台去值班，家人们都觉得是过鬼门关，不知他这一脚跨出门去，以后还跨不跨得回来。

好容易熬过了旧岁，迎来了新春。一日，司马防匆匆归家，告诉家人们一个糟糕的消息：天子大驾不日即要西迁长安，自己作为近侍之臣，必须随同前往。考虑到此行吉凶难卜，他决定只身西上；而洛阳残破，已非居留之地，所以他要求妻儿一家在自己离开之后，立即回转老家温县避居一时。

司马防把一切做了交待，取了一点备用衣物，又匆匆赶回皇宫。登车之时，他回头望着那泪流满面的一家老小，真真是心如刀绞，肝肠寸断！但是，长子司马朗和次子司马懿脸上所显现出的那种坚毅的神色，又给了他一丝安慰。他知道，长子和次子年纪虽轻，为人却相当机敏沉着，颇有成人的风范。再说温县距离洛阳不远，只有五六十里路程，出京城向北渡过黄河，要不了一天即可到达。由他们带领全家回故乡，应该不会有什么大问题。

三天之后，也就是初平元年（190年）二月十七日丁亥，汉献帝及文武百官动身西迁。当天晚上，司马氏一家便开始收拾行装，准备次日凌晨回转温县。于是，我们就看到了上文所述的一幕。

司马防不在，作为长子的司马朗即是一家之主了。在他的指挥之下，家用杂物该收的收，该弃的弃，不到子夜已把行装收拾停当。他松了一口气，正准备让大家稍事休息，忽然从远处传来了一阵急促的马蹄声。在寂静的深夜，这声音显得格外清脆和响亮。随着蹄声的不断临近，司马氏全家都开始紧张起来。他们在这段时间里，经常听到这种突如其来的马蹄声，那是董卓的特别行动队在街上驰骋时发出的死亡警报。特别行动队专门执行上司逮捕人犯的命令。一旦他们出现在你家门口，你就大祸临头了。

蹄声在司马家门口戛然而止，接着便是一阵猛烈的敲门声。此时此刻，司马朗反而镇静下来。他吩咐二弟司马懿回房去照看母亲和诸幼弟，自己则亲自前去开门迎客。

不速之客果然是董卓的特别行动队。他们问清楚司马朗的姓名和身份后立即宣布：以携带家属逃亡罪逮捕司马朗，其余人等就地听候处置，不得擅自离开。这晴天霹雳，使他的母亲老夫人当场就昏迷过去。

横祸是怎样飞来的呢？

原来，董卓的兵马进入洛阳之后，京畿地区的民众不堪其苦，便纷纷抛弃住宅产业，流亡他乡。为了防止居民逃离，董卓下达了严格的禁令，不准擅自迁移，违者重罚。司马家是官员的家眷，又是回返原籍，本不受此项限制。但是，一个司马防的仇家得知司马家将回温县的消息，即以携家逃亡罪向当局告发了司马朗。此时此刻的董卓，其精神正因被迫迁都而处于躁狂状态。他一听说有人竟然敢犯禁逃亡，也不问青红皂白，立即下令抓人来见。于是，短短三天之中，司马家就经受了两次生离死别的苦痛。

当时，董卓的残忍嗜杀天下闻名，凡被他的魔掌抓到即难以活命。所以司马朗临行之际，来不及长吁短叹，而是抓紧时间向二弟司马懿交待家事。但是，他想说的话还未说完，骑兵已经把他推拥出了大门。

大哥抓走，母亲病倒，年仅十二岁的司马懿成了临时的家长。这司马氏家族有一个突出的遗传性生理特征，那就是身材高大。司马懿的祖父司马儁，史称身"长八尺三寸，腰带十围，仪状魁岸，与众有异"。东汉时的一尺，约合今天的二十四厘米左右。八尺三寸的身高，也就是现今的一米九还多一点，算得上是高个子一类了。司马懿的大哥司马朗，十二岁时身材已如成人，以至于他在参加当地政府组织的童子考试时，监考官们都怀疑他隐瞒了岁数。虚岁才十二岁的司马懿，身高也接近成人，而接连出现的打击，又使他突然在言行上成熟了许多，所以猛然看来，他倒真有点一家之长的模样。

不过，司马懿的临时家长仅仅当了两天即告结束，因为其兄司马朗竟然毫发未损地安全回了家。回到家后，司马朗赶忙向大家叙述自己侥幸生还的经过。

原来，那董卓曾有一个儿子，素来宠爱无比。此儿恰巧和司马朗同岁，而且也长得高大魁梧，相貌堂堂。可惜他寿数短促，前两年竟一命呜呼，令董卓伤悼不已。那一天司马朗被押解到董卓面前，这个混世魔王问明了司马朗的姓名、年龄和家世后，总有一种亡儿复生的感觉，竟然破天荒地生了恻隐之心。加上司马朗的对答也非常之从容得体，董卓满心高兴，当场宣布释放司马朗不说，还留他在身边住了两天。

听了他的叙述，全家皆大欢喜。但是，司马朗却深怀忧虑。他已经感觉到：董卓想留自己在其身边当侍卫官员，甚至好像还有收自己为义子的意思。现今董卓是天下共讨的国贼，和他同流合污，绝对不会有好下场。为今之计，只有走为上策，即想办法尽快离开洛阳回转温县。

主意打定，司马朗一面以母病思乡为由，向董卓恳求回故里探望，一面又以重金贿赂董卓的亲信要员，让他们为自己说话。有钱使得鬼推磨，散尽家财的结果，是司马朗居然换来了董卓一道允准离开洛阳的口谕。于是，在当年的暮春时节，司马氏全家出京北去，经由孟津渡过黄河，回到故乡。

时值三月，春风骀荡，故园芳草，碧绿如茵。可惜的是，对此良辰美景，司马氏兄弟却无心欣赏。原来，司马朗一回到温县，就听到了关东讨董联军正在向西推进的消息，而董卓的防御重点，乃是洛阳以东百余里处的成皋（今河南省荥阳市西北）。这成皋在黄河南岸，与温县隔河相望。如果成皋一带变为两方决战的大战场，温县势必免不了遭受战火的摧残。忧心忡忡的司马朗，立刻对乡亲父老建议道："此处行将成为四分五裂的战争之地，安全难保，不如趁现今道路尚通之际，结队迁移到东北四百里外的黎阳县（今河南省浚县东）。黎阳驻扎有一支强大的军队，统兵的官员赵威孙将军，既是我们温县同乡，又是敝家的姻亲，足以作我们的依靠。先在那里暂避一时，然后再见机行事，不知诸位意下如何？"

安土重迁而且缺乏远见的人们，几乎都不以司马朗的话为然。只有一位姓赵名咨的乡亲，赞同司马朗的意见。司马朗也不再多说，略做准备后便与赵咨结伴携家登程。

人无远虑，必有近忧。司马氏一家离开温县后不久，数十万人马麇集在成皋一线。骄兵悍将，对附近居民烧杀抢掠，温县人口死亡了一半之多，其状惨不忍睹。

光阴荏苒，不知不觉间，司马氏一家已在黎阳暂住了四年有余。这四年间，在姻亲的照拂之下，全家生活也还算安定无波。但是，相比之下，全国的政局却是波澜迭起，变动频繁。首先是董卓被刺杀于长安，由司徒王允掌握朝政。不久董卓的部将李傕、郭汜又杀死王允，控制了京城。接下来李傕与郭汜又相互攻杀，以争夺最高权力。关中地区经这几次大动乱，呈现出"白骨露于野，千里无鸡鸣"的可怕景象。在函谷关以东，最初信誓旦旦且要同心扶助皇朝的联军将领们，不仅早已散伙，各归防地，而且又相互争夺地盘，大打出手，即史书描绘的"大者连郡国，中者婴城邑，小者聚阡陌，以还相吞灭"。经过几年酣战，关东的逐鹿群雄中势力强大者，有兖州的曹操、徐州的吕布、冀州的袁绍、扬州的袁术、幽州的公孙瓒、荆州的刘表等人。当时上述各州的主要地域在今何处，请参看本系列《孙权：半生明主的长恨歌》

之附录《三国知识窗·概况篇》。

汉献帝兴平元年（194 年）的四月间，曹操和吕布在兖州东郡的濮阳县（今河南省濮阳市西南）一带，激战多日，军队缺粮，四出抢掠民户。而当年蝗灾大起，农家颗粒无收，曹操的部下抢粮无结果，竟至于以干燥的人肉充当军用食品。而司马氏一家避居的黎阳，与激战的中心濮阳相距不到百里。为了躲避战祸，司马氏一家又急急忙忙逃回温县故乡。

温县虽然相对平静，但是情景也相当可怕。大战之后，接踵而来的是大饥荒。饿急了的人们，纷纷在死者身上取肉果腹。作为现职官员的司马防，多少还能照顾自己的妻室儿女，所以司马氏一家还没有出现饿死者。根据司马防的指示，司马朗严格督促诸弟勤奋读书，不以环境和生活的恶劣而放弃学业。

此时的司马懿年方十六岁。艰难时世，悲惨人生，使他养成了深沉坚毅的性格。同郡的杨俊见到他，赞叹说："这位少年真不是平庸之辈！"另一位精于品评人物的名士，也就是后来成为曹操重要幕僚的清河郡（治所在今山东省临清市东）人氏崔琰，则对司马朗说道："足下之贤二弟，聪明果断，英气过人，将来的成就恐怕足下本人也未必然比得上啊！"

　　司马朗本人素来以才学自负，而且在当时已经声誉传开，所以颇不以崔琰的话为然。

　　但是，此后发生的事情证实：司马朗虽然在时局的判断上不乏先见之明，却并不完全了解他朝夕相处的同胞老弟。这正是：

　　　　谁知一母亲生子，老弟前程看不清。

　　要想知道此后的司马懿，其远大前程是从哪一步开始，为何又与曹操结下了不解之缘，请看下文分解。

第二章

屈身曹氏

　　司马懿是在二十三岁时，才开始进入仕途的，从此翻开了他五十年漫长政治生涯的第一页。

　　他所担任的第一个正式官职，是河内郡（治所在今河南省武陟县西）的上计掾，时间是在汉献帝建安六年（201年）。这河内郡的上计掾是什么官职呢？在此须得略加介绍。

　　战国、秦、汉之时，每逢岁终，地方行政官员必须把本年度所辖区域内户口、垦田、财政收支、盗贼、案件等各方面的数字汇总上报，作为政绩考核的依据，此种制度叫作"上计"。就东汉皇朝而论，其上计制度是两级制，即由县上计到郡，再由郡上计到中央。无论哪一级上计，均需指派专人携带数据报告前往，完成此种使命的官员，就是所谓的"上计吏"，而郡一级的主任上计吏，便是郡政府的上计掾。现今政府机构统计局的"统计"一词，实际上就由此而来。

由于上计的结果关系到自己的前程，加之上计之时，全国上百个郡的上计掾，齐集于中央司徒府的大厅之中，风度言辞如何，当堂就有清楚的比较，因此，郡太守们莫不注意本郡上计掾的选任问题，都力求以沉着老练而善于言辞者充当此职。甚至于外貌如何，京城中有无后台关系，往往都要考虑。中央政府后来发现上计掾中人才济济，干脆做一规定：直接从来京的上计掾中选拔人才充任中央的郎官。这郎官在名义上虽然属于皇帝的侍卫官，然而实际上是中央政府官员的预备队。通常情况，是用各郡所举的孝廉来充当郎官，而孝廉则是按每二十万人口举一人的比例来推出。所以得选孝廉不容易，得任郡上计掾也不容易。司马懿弱冠之后初登仕途就得到这一职位，可见他的才能已经在士大夫集团中得到了普遍的认同和赞赏。

接下来所发生的事也证实了这一点。

就在司马懿出任本郡的上计掾之后不久，一位使者从临时首都许县（今河南省许昌市东），赶到了河内郡的郡治怀县（今河南省武陟县西），给司马懿带来一封公文。他接过一看，原来是由司空曹操署名的一份聘任书，特聘他为司空府的掾属。东汉的百官之中，地位最为尊崇的三公，也就是太尉、司徒和司空，享有一种叫作"开府自辟掾属"的特权。所谓"开府"，是指拥有独立的办公府署，即现今所谓的办公厅；而"自辟掾属"，则是说府署中的官员，均由三公本人任命，不必经过中央政府人事部门的批准。受到三公的聘任，当时称为"公府辟除"，这在东汉是士人颇以为荣之事。

曹操之所以辟召司马懿，其背景说来话长。

第一个原因是出自政治上的考虑。这几年间的曹操，在政治和军事势力的发展上，可谓春风得意，今非昔比了。首先，他抢先下手把汉献帝接到自己所控制的豫州颍川郡许县，把许县作为临时首都，从而在政治上形成"挟天子以令诸侯"的特殊优势。与此同时，他又在许县一带大兴屯田，解决了最紧迫的军需供给问题。凭借着这些优势，他先后击破割据南阳郡（治所在今河南省南阳市）的张绣，擒杀称雄徐州的吕布，驱走拥兵沛县（今江苏省沛县）的刘备，大破虎踞河北四州之地的袁绍，把黄河与淮水之间的大片地区牢牢抓到了手中。虽然曹操已在各方面确立了优势地位，但是天下事仍未可知。此时，河北有袁绍，江东有孙权，荆州有刘表，益州有刘璋，辽东有公孙度，都具有较强的实力。在全国十三州中，曹操只占有兖、豫、徐三州之地，距离统一天下的目标尚远乎哉。群雄割据，都把延揽人才视为头等重要之事，曹操更是如此。他这时官任汉朝司空，便通过自辟掾属的途径，把一大批杰出人士召到麾下。曹操的首席谋臣荀彧，早已听说司马懿聪明果断，是后进青年中的佼佼者。经他推荐，曹操遂遣使送去了上述这封聘任书。

还有一个特殊的原因，就是曹操有意报恩还情。曹操怎么会欠司马家的人情债呢？原来，曹操二十岁时，被家乡所在的郡推举为孝廉，随即到京城洛阳充任郎官。郎官虽然是各级行政官员的预备队，即所谓的"郎官为储才之所"，然而要想在众多的郎官中脱颖而出，先行进入政府机构任职，也还需要有人援引识拔，在朝政衰败、贿赂公行的东汉后期更是如此。否则，任你是什么才俊精英，也可能终身坐冷板凳，老死于郎官署中。曹操的运气不错，他到郎官署不久，即受到一位官员的大力推荐，从而担任了京都洛阳县的一名县尉，这位官员不是别人，正是司马懿的父亲司马防。

司马防那时二十六岁，官任洛阳县令。按照汉代的制度，凡所辖民户在万户以上的县置县令，万户以下的县置县长。

县令或县长有两大助手。文的方面是县丞，主管收发文书，巡察仓库、监狱。武的方面是县尉，主管维持治安，追捕盗贼、罪犯。大县人多地广，县尉定员加增为二人。洛阳作为京都，是权贵豪门聚居之地，这些人横行不法，使京城的治安状况急剧恶化。为了整肃秩序，司马防决定推举年轻气盛、敢作敢为的曹操来担任洛阳北区的县尉。曹操果然不负所望，他一到县尉署，便制作了五色棒三十根，分挂在署门左右。凡遇违法犯禁、破坏治安者，不论是谁，一律以五色棒打死。一日深夜，宦官蹇硕的叔父无视宵禁规定，率人出行，结果被曹操抓住，一阵乱棒打死在县尉署前。这蹇硕是汉灵帝最为宠信的宦官，权势炙手可热，而曹县尉竟然敢在这位太岁爷头上动土，此事立即传遍了洛阳，于是"京师敛迹，莫敢犯之"。曹操名声大噪，不久就升任兖州东郡顿丘县令（今河南省清丰县西）。总而言之，曹孟德仕宦生涯的第一步，是在司马防的大力扶助之下跨出的，他对司马防深怀感激之情。因此，二十七年之后，荀彧推荐司马防的二公子时，曹操马上就派出使者前往怀县。

然而完全出人意料的是，司马懿并不愿领受曹操这份心意，他有他自己的想法。

他的想法是什么呢？

　　事情很明显，曹操是在网罗效力之人。一旦应召赴命，便成了曹氏集团的成员，就得与之同休戚，共祸福，所以此事须得慎重考虑，反复衡量。从目前的政治形势来看，曹操虽然在节节发展，但是还未在实力上取得绝对优势地位，应当再观望观望。再说那曹孟德的门第也太低了点。其祖父曹腾，本是清流士大夫所不齿的宦官。曹腾的养子曹嵩，也就是曹操的生父，竟不知道是从何地何家借来的种嗣。上一年袁绍起兵十万进攻曹操，行前命文坛健将陈琳写了一篇昭告天下州郡的檄文，就痛斥曹操是"赘阉遗丑"，意思是宦官养子的坏种。我们司马氏本是河内郡的名门望族，世代簪缨不绝。过去曹操给父亲当下属是理所当然，现在自己要去给曹操当下属，恐怕对家门的荣誉有所玷污罢。想到这里，司马懿打定主意拒绝曹操的辟召。至于拒绝的办法，则是假托自己患有风痹之疾，行动起居困难。

　　所谓"风痹"，即是由风、寒、湿等因素所引起的皮肤感觉丧失和关节活动困难。既然要装病，那就要装得像和装到底，于是司马懿待使者走后，立即辞去上计掾的职务，回老家温县"养病"去也。

　　这边曹操听了使者的回报，第一个反应是不愉快，继而便产生了怀疑，因为他以往从未听说过司马懿患"风痹"而活动不便的事。相反，他倒听说此人有"狼顾"之奇相。所谓"狼顾"，是指人的颈部能做将近一百八十度的旋转，在身躯不动的情况下，面部可以向后正视。据说狼的颈部即能作此大角度旋转，而且在行走中时时后顾，查看是否有可疑情况，故而得名。曹操心想：你司马懿既能做"狼顾"，那么你的肌肉关节灵活得很嘛，怎么可能连起居都发生困难呢？当下他又派出使者直赴温县，去检查司马二公子究竟是真病还是假病。

司马懿早就料到曹操有可能来这一手，所以他回温县后，天天躺在病榻之上，装得煞有介事。突然临门的使者，没有能抓住什么破绽，便径直入室行事。他取出早已预备好的银针，在司马懿的腿脚上乱刺，同时观察对方的反应。司马懿心中明白：自己的生命前程，都取决于此时此刻的一个"忍"字了；当初的韩信忍得辱，本朝的杜根忍得死，难道我司马懿就忍不得针刺之痛么？于是，他面色不改，任他刺痛钻心，坚持不叫不动。使者望着那血迹点点而又毫无"知觉"的下肢，认定司马懿确实患有风痹无疑，便径直回去复命去了。

从此，司马懿便在老家"养病"养了七年之久。

这七年的"养病"生活，给了他一个重要启示：假托患病，是乱世之中应付政治风波的有效办法之一。今后，他将再次熟练使用这一法宝，此是后话。

装病一时不难，装病七年之久实在不易，就是忍性过人的司马懿，也露过一次马脚。

那是一个夏日的午后，暑热逼人，司马家的主仆上下均在各自的房中休息。忽然，半空响起一阵闷雷，接着便降下了倾盆大雨。正在假寐的司马懿被雨声惊醒，猛然想起院中还晾晒着自己的数百册书籍。他向来爱书如命，竟然顾不及呼唤家中仅有的一名女仆，翻身起来便奔向庭院，几下来回把书全部搬入房中。恰巧那刚买来不久的女仆也赶到了后院，她看到男主人那敏捷的动作，不禁惊得目瞪口呆——因为自到主人家，就一直听说男主人是一个患风痹的瘫子呀！

天机不可泄漏。宁可我负人，不可人负我。司马懿杀心顿起，立即叫上夫人张氏来到女仆房中，一起动手勒死那无辜的婢女。为了避免再发生类似事件，从此司马懿不再购买女奴来料理家务，下厨炊爨，洗濯衣物，均由张氏夫人亲自承担。张氏芳名春华，乃河内郡平皋县（今河南省温县东）人氏。其父官任县令，也算是官宦人家。素来未曾做过粗活的张氏，而今亲自主持中馈之事，竟然毫无怨言，令司马懿敬重而感激，这也无须细说。

岁月易逝，不知不觉间已过去七年。七年的漫长时间，并未能抹掉曹操心中对司马懿的印象。建安十三年（208年）六月间，曹操的使者再一次光临司马懿家，送上一封聘任书。任随司马懿是如何会装病，这回也不得不俯首听命，屈身于曹操了。

原来，这七年的曹操真是大走鸿运。在军事上，他彻底消灭了头号劲敌袁绍的势力，平定了塞外强悍的乌桓族反抗，统一了北方豫、兖、青、徐、冀、幽、并、司八州的辽阔之地。在东汉全国十三州的地盘中，独占了百分之六十以上。余下的竞争对手，只有江东的孙权，荆州的刘表和刘备，益州的刘璋，凉州的马超和韩遂等。这些对手，每人至多占据一州，总共的地盘加起来也不过五个州。因此，说曹操已经在实力上据有绝对优势，完全不是虚言。以实力为后盾，曹操在政治上便敢采取一个大胆变革，即废除三公制，政行丞相制。秦、西汉实行丞相制。丞相助天子理万机，为百僚之首，实权很大。东汉光武帝为了强化皇权，遂废除丞相，改以三公领朝政。三公领朝政也只是虚领，即地位崇高而不掌实权。军政实权由谁控制呢？由尚书台控制。这尚书台本是九卿之一的少府卿所辖，最初的地位并不高。光武帝把尚书台变为皇帝直属的军国机务处理部门，这就形成了"虽置三公，事归台阁"的强权政治新格局。如今曹操恢复西汉旧制，废除三公，改置丞相而且由自己出任，其目的就在于把军政权力全部抓在自己手中。

建安十三年（208年）六月初九日癸巳，曹操得意洋洋，正式就任丞相之职。紧接着他就以汉朝丞相的名义，大辟掾属，把一大批英才俊士网罗到自己的丞相府中。其中的佼佼者，有崔琰、毛玠、卢毓，以及司马懿的长兄司马朗。长期"养病"的司马懿，也在曹操所列的名单之上。

或许是因为有一种求全心理在作怪，得到其兄之后必欲得到其弟；或许是听到一丝半缕消息，说司马懿的"风痹"有假，总之此番曹操的态度非常严厉。去温县的使者临出发前，曹操一手交付的是聘任书，另一手交付的是逮捕令，同时下达了一道七字口谕："若复盘桓，便收之！"

此处的"盘桓"，乃徘徊逗留之意；而"收"者，即抓进监狱，听候审理也。意思是说：司马懿此番如果再托病不听我的辟召，那就给我抓起来丢监问罪。

这一下司马懿知道再不能使用"风痹"的法宝了，否则性命堪忧。再说曹孟德已经成了大气候，今后很有可能取汉朝而代之，就算他允许我在家"养病"，难道自己这辈子就终身不仕，老死于户牖之下不成？如今那么多汉室名门出身的士大夫，诸如弘农的杨修，颍川的荀彧，陈郡的袁涣，河内的张承，颍川的陈群，涿郡的卢毓等，当然还有自己的大哥，都在心安理得地为曹氏效力，我又何必以追随"赘阉遗丑"为耻呢？人生的大转折，往往发生在一刹那的转念之间，司马懿也是如此。他立即收拾行装，随使者前往曹操的大本营邺县（今河北省临漳县西南）去也。

这一年，三十岁的司马懿，得到了第一个儿子，取名为"师"，字"子元"。这司马师后来成了他老爸政治上的得力助手，此是后话。这正是：

任你多年能假病，依然俯首听曹操。

要想知道司马懿来到曹操手下，出任何种职务，又建立起哪些此后用得着的人际关系，请看下文分解。

第三章

宦海初游

　　尽管司马懿仕宦生涯的第一步是在河内郡跨出的，但是，因为他担任上计掾的时间太短，而郡太守府的规模和影响也太小，所以这第一步实际上可以忽略不计。他真正初游宦海，还是在应曹操的辟命奔赴邺县之后。

　　邺县当时习称为邺城，位于现今河南省临漳县西南，还有铜雀台遗址等保存至今。邺城是当时冀州魏郡的郡治所在，其城北枕漳河水，西依石鼓山，东通渤海，南接黄河，确实是一处形胜之地。东汉末期群雄并起之际，邺城又成了冀州的首府。袁绍父子雄踞河北十四年，一直以邺城为大本营。建安九年（204年）曹操扫荡河北夺得冀州之后，见邺城的城池坚深，人口众盛，物资充足，交通便利，也把自己的活动据点设在邺城，并且自己兼任冀州牧。这样一来，曹操常驻的邺城就变成了当时东汉朝廷实际上的政治中心，而东汉献帝所在的临时首都许县（今河南省许昌市东），反倒变为聋子的耳朵——摆设了。

司马懿到达邺城，就任丞相府文学掾之职。至于具体的任务系由曹操亲自交待，要他陪同嗣子曹丕"游处"，也就是充任曹丕的辅导和侍从官员。

曹操，字孟德，乃豫州沛郡谯县（今安徽省亳州市）人氏。他的妻妾甚多，故而子嗣不少。长子曹昂，字子修，系刘夫人所生，不幸早死。次子曹丕，字子桓；三子曹彰，字子文；四子曹植，字子建，均系继室卞夫人所生。此时的曹丕，年已二十有二，正是进德修业之时。为了培养这位未来的接班人，曹操特别安排了一批杰出人士与曹丕同游共处。而丞相府文学掾司马懿，就是其中的一位。

从史载的情况来看，当时在曹丕左右者，主要是一批文坛健将，诸如名列建安七子的徐幹、应玚、陈琳、刘桢、阮瑀，以及繁钦、路粹、吴质、荀纬等人。这些翰苑高手，作起诗文来真是各擅其美，难分伯仲，用曹植的话来形容，乃是"人人自谓握灵蛇之珠，家家自谓抱荆山之玉也"。曹操之所以做如此的安排，原因有二：一是曹丕自幼长于军旅之中，五六岁时即开始习射骑马，随父征战，曹操觉得他在武备方面所知已多，还应在文事方面加强修养，将来才能经邦纬国。二是曹操自己就非常热爱文学，他本人作为一个大文豪，对文学名家们相当尊重和爱护。像那位在檄文中骂曹操是"赘阉遗丑"的陈琳，在袁绍失败之后被曹操抓到，曹操不仅"爱其才而不咎"，而且还授以要职。建安时期的文学之所以能够繁荣一时，即与此密切相关。

相形之下，身为文学掾的司马懿，在文学方面不免逊色。当然，此处也需要特别说明一点，即当时人所说的"文学"，与现今人所说的"文学"含义是不大相同的。今日的"文学"一词，系指以语言文字为工具进行创作的艺术，包括诗歌、散文、小说、戏剧之类。而汉代的"文学"，其含义更为宽广，是泛指文献学术，而非专指诗文的创作。因此，所谓的"文学掾"，其实是负责文化教育的官员。其所施教的内容，乃是传统的文献学术，特别是儒经与儒学。河内温县的司马氏，世代传习儒经，家学渊源。可见曹操的意思，是想让司马懿在经学上给曹丕以沾溉滋润。

　　但是，从此后的实际情况来看，事情的发展与曹操的初衷并不相合。司马懿本是一位以智谋深沉、庶事干练而见长的人，他不入仕途则已，一入仕途怎么会甘心当皓首穷经的老教官？他看准曹氏势力如日中天，曹丕今后前途无量，于是向这位丞相公子献忠心，输诚款，出主意，指迷津，尽量起智囊的作用。在曹丕这一方面，他也是一个非凡之人。他知道自己身份特殊，今后将会继承父辈的基业，因此在现时就要物色一批党羽，打好接班的基础。像徐幹、应玚、刘桢、阮瑀之类的文士，撰写诗文虽为大家，搞政治却是外行，搞政治就需要司马懿这种机智干练之人。上述动机驱使曹丕对司马懿另眼相待，两人从此建立起一种异乎寻常的亲密关系。据史书记载，曹操因司马懿有"狼顾"之异相，又曾梦三马同食于一槽（马喻司马懿三父子，槽喻曹氏王朝），故而对司马懿很不放心，但是曹丕"素与懿善，每相全佑，故免"。这虽然有些小说家言的味道，不过仍可从中看出曹丕对司马懿的器重。

　　在丞相府文学掾之后，司马懿先后又担任过黄门侍郎、议郎、丞相府东曹属、丞相府主簿等四种职务。总的说来，上列官职的品级都不高。东汉朝廷百官的品级，按每月领取米粮性俸禄的多少，分为三公、中二千石、二千石、比二千石、千石、比千石、六百石、比六百石、四百石、比四百石、三百石、比三百石、二百石、比二百石、一百石、斗食、佐史等十七等。以上四种官职，最高不过六百石，属于中级职位无疑。但是，这些官职涉及面相当之广。例如黄门侍郎，系皇帝的侍从，职司宫廷内外联络；议郎，系皇帝的顾问，职司应对时政疑难；东曹属，乃丞相府人事部门的主管，职司官员的任命迁升；主簿，乃丞相府总务部门的首脑，职司协调检查各分支机构之工作。司马懿历任诸官，不仅使他增广了见识，而且也锻炼了他的才干。更为重要者，是他利用在中央各府署任职的机会，初步摸清了曹魏统治集团中的人际关系，交结了一批日后用得着的朋友，史称司马懿"情深阻而莫测，性宽绰而能容"，当此之时，曹操的衮衮诸公中，又有谁能看出这位宽和谦冲的中级官员，日后竟能操纵曹氏家族的命运呢？

九年之后，也就是建安二十二年（217年）的十月间，发生了一件对司马懿和曹魏政治都极其重要的事，即曹丕在激烈的竞争之中战胜对手，正式取得了魏王太子的称号，成为曹氏基业的法定继承人。

本来，在长兄曹昂死后，曹丕作为现存的嫡长子，其继承人的身份是无可怀疑的。但是，随着其弟曹植年龄的增长，以及其文学天才的辉煌显露，曹操心中的天平，便朝曹植一方急剧倾斜。建安十八年（213年）五月，汉献帝下诏封丞相曹操为魏公，以冀州的河东、河内、魏、赵、中山、常山、钜鹿、安平、甘陵、平原凡十郡，为其封国。按理说，曹操在受封之际，就应当确立魏国的嗣君，也就是太子，然而他却没有这么做。三年之后，曹操又进爵为魏王，依然不指定太子。朝臣见此情况，随即分为两派，多数人拥护曹丕，少数人支持曹植。曹丕与曹植一对同胞兄弟，也在暗中努力竞争。到了后来，曹植率性而行失去曹操的欢心，矫情自饰的曹丕得到强有力的支持，终于取得最后的胜利。

太子既定，依照制度便应设置若干种下属官员。其中主要有：太子太傅、太子少傅、太子中庶子和太子洗马。太傅与少傅合称为"二傅"，是太子的辅导老师，其地位虽然尊崇，但是与太子的见面时间不多，仅每月初一日入宫辅导一次而已。至于洗马（洗字读音同"先"），不过是仪仗队的指挥官，每逢太子出行，洗马就在前面作先导。洗者，先也，在太子车马之先，故名。实际上，与太子关系最为亲密，因而对太子影响最大的官员，乃是其中的中庶子。中庶子的员额定为五人，曹操优先考虑的人选中，就有司马懿和司马懿的三弟司马孚。

此时的曹操如此垂青于司马懿兄弟，是有特殊原因的。简言之，是与司马家有关的一喜一悲两件事起了作用。

先说一喜。上年五月晋爵称王后，曹操踌躇满志之余，忽然间生出一股深沉的怀旧之感来。曹操其人相当念旧。建安七年（202年）正月，他回到故乡谯县，曾经说了一段充满感情的话语："吾起义兵，为天下除暴乱。旧土人民，死丧略尽。国中终日行，不见所识，使吾凄怆伤怀！"说的是我起兵弘扬正义，为天下清除暴乱，可是现今家乡土地上的民众，几乎都死光了。在家乡走一整天，也碰不到一个认识的老乡，使我真是伤心不已！由此可以窥见他秉性的另一侧面。曹操称王时已经六十二岁，距古稀之年不远矣，故而念旧之情更加浓烈，更加难以消除。于是，他决计邀请几位故人来魏王宫中叙旧，但是屈指一数，同辈老友尚健在者竟然已经寥寥无几。忽然，他想起一个人来，此人不仅和自己有故旧之交，而且还对自己有提携之恩。此人非他，正是司马懿的父亲司马防。

饱经沧桑的司马防，此时年近七十，尚在汉献帝所在的许都，担任一个俸禄优厚的闲职，实际上已处于退休养老的状态。于是乎曹操立即以魏王的身份派出专使，用安车把司马防接到魏都邺城。

当时所谓"安车"，是一种可以坐乘的马车。古人乘车，一般采用站立姿势，也就是立乘。安车系供老人和妇女乘用的，设有座位，行走安稳，故名。用安车迎接某人，是当时帝王表示敬意的一种方式。如果以四匹马而不是一匹马拉车，即以所谓的"驷马安车"来迎接，其敬意便达到最高级别的一等了。

司马防坐在安车之上，悠悠闲闲行进六百里，来到邺城魏王王宫，受到一番极其热诚的款待，这也无须细说。一日，曹操在王宫后园的铜雀台上设宴招待故人，临风把酒，主客皆欢。席间，二人回忆起四十二年前在京城洛阳县共事的情景，曹操不无得意地问道："建公，孤今日可不可以再当洛阳县的县尉呀？"

曹操的言外之意，不外乎是说昔时你手下的小县尉，如今竟作了大魏王，你看本人的作为怎么样？不料酒酣耳热的司马防也不客气，立即回答道："小人昔日举荐大王之时，大王也只适合当一名县尉呵！"

曹操一听，不禁哈哈大笑，他为自己的成就而得意，更赞赏司马防的直言无隐。多年以来，他已经没有和人进行过如此坦率平等的谈话了。在朝廷之上，他是丞相，是魏公、魏王，文武百官无不唯唯诺诺；在家庭之中，他是家长，是夫权、父权的代表，妻室儿女也无不唯唯诺诺。曹操本是一个秉性直率的人，史称他"每与人谈论，戏弄言诵，尽无所隐。及欢悦大笑，至以头没杯案中，肴膳皆沾污巾帻"。但是，他可以对别人"戏弄言诵"，别人又怎么敢对他"戏弄言诵"呢？仍然只有唯唯诺诺而已。有时候，曹操也觉得自己与他人的关系太缺乏人情味，甚至无聊，然而君臣、父子、夫妇之间的尊卑又岂能不要呢？今天他终于得到了一次坦率平等的谈话机会，心里确实高兴。司马防的直言无隐，真正是一种对友谊十分信任和尊重的表现，他心里更加高兴。这场欢饮和畅谈的情景，从此深深留在曹操的心中。

再说一悲。约在曹操和司马防喜相逢之后半年，也就是建安二十二年（217年）的春正月，曹操率领水陆大军，取道淮南，进攻孙权。当时的司马朗，身任兖州刺史之职，也奉命率本州地方军数千人前往助战。本来东汉一朝的州刺史和郡太守，一直是只管民政，不统军旅。曹操任丞相执政，有人进献州郡领兵之议，说是在州郡设置一定数量的地方军队，可以"外备四夷，内威不轨，于策为长"。曹操认为此计甚善，不久就下令在中央军之外，配置一支隶属于州刺史和郡太守的地方军。这位建议者不是别人，正是司马懿之兄，时任丞相府主簿的司马朗。此番讨伐孙权，司马朗奉命率领兖州地方军随征，他深感责任重大。首先，这是自己第一次率地方军参加如此重大的战役，同行者尚有二十六支精锐的中央军分队，如果出战无功，不仅有损兖州的名誉，自己脸上也很不光彩，因为提出州郡领兵建议者正是自己。再者，司马朗在兖州，政绩显著，深受百姓拥护，他也颇有一点爱民如子之风。现今自己带了几千兖州子弟兵南下淮南，如果关照不周，万一发生什么意外，回去何以向当地父老交代？在责任心的驱使下，司马朗沿途对兖州地方军的将士慰勉有加，不料就这样也还是出了问题。

　　原来，从这一年的春初开始，一场空前规模的时疫，也就是季节性传染病，在中原大地上迅速蔓延，乡村，城市，尤其是人口密集的军营，成千上万的人很快丧失了生命。曹植在他的《说疫气》一文中，描述当时的惨状说："建安二十二年，疫气流行。家家有僵尸之痛，室室有号泣之哀。或阖门而殪，或举族而丧。"著名的建安文坛"七子"，竟然有五人，即徐干、应玚、陈琳、刘桢和王粲，同时死于这场流行病中。司马朗风尘仆仆赶到大军的集结地——居巢（今安徽省桐城市南）时，他的部下也染上了可怕的时疫。

如果司马朗对患病者远远躲避，自己定会安然无恙。但他不是这种人。他在军营中不断巡视，督促医疗，甚至亲自送上汤药。结果，司马朗也被瘟神抓住，不久就死于军中，终年只有四十七岁。

司马朗之死，也在曹操心中留下了深刻的印象。

于是，不久曹操便有栽培司马懿之举。

如果说，九年前司马懿以曹操丞相府文学掾的身份与曹丕"游处"，在上下级的关系上还不是很说得通的话，那么现今便不存在任何问题了。中庶子，是太子名正言顺的侍从和顾问，入则同室，出则同车，朝夕相对共处，彼此无话不谈，外人不得有丝毫的非议。因此，自司马懿担任太子中庶子后，他和曹丕之间的关系便进入了更深一层。曹丕充分信任他，视他为最可靠的心腹；他矢志效忠曹丕，视曹丕为未来的君主。史籍形容二人关系是"每与大谋，辄有奇策，为太子所信重"，这并非虚言。

在任职期间，司马懿还和曹丕的另外三个心腹之人结成莫逆之交。一位是陈群，时任魏国侍中，也就是魏王曹操的侍从和顾问。一位是吴质，时任朝歌县（今河南省淇县）县长。最后一位是朱铄。这四人在当时有"四友"之称，在曹丕称帝后都身任显职，分掌军政大权。可以说，曹丕再加上

"四友"，大体上已构成日后魏朝统治核心的雏形。

大约一年多以后，曹操把司马懿提升到一个更重要的职位上，任命他为丞相府的司马。

当时曹操集朝廷军政两权于一身，所以丞相府相应设有军政两方面的助手。主军者为司马，主政者为长史，均属一千石这一品级。凡军旅调动、战略设计、军情汇报等军务，都由司马协助办理。司马懿还是第一次担任与军事有关的职务。在曹操这位大军事家身边，他眼界大开，学到了不少治军用兵的宝贵经验，并且逐渐显露出他在军事方面的天赋才能。他向曹操建议用军队屯田积谷，且耕且守，确立长期作战的指导方针；在关羽北攻襄樊（今湖北省襄阳市），"威震华夏"，以至于曹操想把汉献帝从许都接到河北以避其锋芒时，他又力主坚持不动，并献计利用孙权与刘备之间的矛盾，使之在荆州自相残杀，即可解除关羽的压力。这些，都是有关全局的战略设计，付诸实践之后证明是完全有效的。

从建安十三年（208年）任丞相府文学掾起，司马懿宦海初游的阶段持续了十二年。在此期间他最大的收获，概括起来是两句话：建立人际关系，锻炼自身才能。这两点是他日后飞黄腾达的根本条件。

建安二十五年（220年）春正月，魏王曹操突然病死于洛阳，太子曹丕随即在邺城继位。至此，司马懿的宦海初游阶段结束，他在政治上大显身手的时候到了。这正是：

宦海初游何所事？经营根本待将来。

要想知道司马懿在曹丕称帝之后，又如何进入事业发展的佳境，在中央政治舞台上实现跨越式的晋升，请看下文分解。

第四章

魏朝后镇

司马懿长达五十年的政治生涯，粗略说来，可以分为宦海初游、渐入佳境、节节上升、登峰造极四个阶段。宦海初游是在曹操时期，上文所言是也。渐入佳境则是在曹丕继位之后。作为曹丕的心腹干员，他积极支持曹丕代汉称帝；而曹丕的酬报，是给予他在行政方面越来越大的权力。魏明帝曹叡时，司马懿在政治上进入节节上升阶段。这时他的活动开始转向军事方面，屡建大功，威名远扬，成为曹魏军界天字第一号元勋。魏明帝死后，齐王曹芳登上帝位。司马懿积聚力量，看准时机，一举消灭曹氏宗族的新生势力，把魏朝的军政大权牢牢抓在手中，从而在政治上达到登峰造极的阶段。此时，皇帝虽然还姓曹，但实际上已然是司马氏的天下了。

欲知司马仲达如何渐入政治发展之佳境，且听一一道来。

曹操是从汉中郡（治所在今陕西省汉中市）撤军途经洛阳时病死的。由于事出突然，而他又统领着数万骄兵悍将，加之曹操临死时忽然又下令从长安（今陕西省西安市北）急召第三子曹彰来洛阳，所以曹操一死，洛阳行辕之中便出现了骚动。有人认为应当严密封锁消息，秘不发丧，等大军回到邺城时再说。有人提议立刻撤换重要地区的军事行政长官，全部换成魏王的家乡人。不久，曹丕的兄弟，骁勇善战的曹彰从长安赶到，他一来就开口索取曹操的玺绶，意欲接管父亲的一切。眼见得曹魏的权力更替即将发生危机，曹丕的嗣君地位难保，幸好有两位做事果断的要员，坚定地站出来收拾局面，才得以化险为夷。此二人是谁？一位是谏议大夫贾逵，另一位即是丞相府司马司马懿。

贾逵，字梁道，乃司州河东郡襄陵县（今山西省临汾市东南）人氏。其人智勇兼备，性情刚烈。他坚决反对秘不发丧的办法，认为事到如今已无密可保，不如正大光明宣示内外。对于索取先王玺绶的曹彰，贾逵几句义正词严的话，就说得他无言以对："太子在邺，国有储君。这先王的玺绶，不是君侯所应该过问的！"

作为太子曹丕的心腹，司马懿当然是要支持贾逵。司马懿的官品虽较贾逵为高，但年龄却要小五岁，于是，他推贾逵领头，共同办理先王的丧事，安抚内外，并护送灵柩回邺城。与此同时，又派出专使，昼夜不停，疾驰七百里向太子曹丕报信，要他早作继位的安排。史称"魏武薨于洛阳，朝野危惧"，而司马懿"纲纪丧事，内外肃然"。所谓"纲纪"，意思是主持，这不免稍有夸张，但基本上符合事实。

在邺城方面，同样也发生了一阵骚动。凶信送到留守府邸，曹丕正与群僚商议政事，他当场号啕大哭，痛不欲生。他是曹操的亲生儿子，骨肉之情使他忍不住要哭；他是魏王的太子，丧主的身份使他必须要哭；他正在以美好形象争取朝臣的广泛支持，政治的需要更令他不得不哭。于是他大哭特哭，哭得死去活来。原本是正襟危坐的大员们，也纷纷站起来陪哭一番。君臣都哭得如泪人儿似的，好像把正经八百的事情都忘到九霄云外去了。

其实，曹丕心中此刻仍然记挂着继承王位的大事，他何尝不知道权力场中无兄弟，甚至无父子呢？不过，礼仪的过场得做，一旦做了，旁边须有乖觉的角色来劝阻，这样即可趁机打住了。他正暗中着急，一旁果然出来了一位乖觉的角色，此人非他，就是司马懿的三弟，还在当太子中庶子的司马孚。

只见司马孚疾步走到议事厅的正中，厉声言道："方今先王谢世，天下震动，应当早拜嗣君，以安定邦国。在座诸公难道就只会痛哭流涕吗！"

流泪的群臣闻言，无不自觉惭愧，那嘤嘤之声渐渐消歇。曹丕暗中松了一口气，但是他还不能同大家一起收泪止泣，因为他的身份特殊。司马孚待曹丕再流了几许珠泪，便直接对他说道："先王晏驾，殿下便是天下万民百姓的依靠。上为宗庙，下为邦国，殿下必须立即准备继承王位，怎么能仿效平民家中孝子的举止呢？"

司马孚的理由相当充足，曹丕顺势收场。于是，司马孚会同在邺城的文武官员，采取非常时期的权变举措，不再坐等先王的灵柩到达，而是直接上奏王后卞氏之后，以曹丕母后卞氏的名义下达策书，令太子速登王位。全部仪式在第二天完成，待到曹操的灵柩运抵邺城时，曹丕的魏王兼汉朝丞相，已经当了好几天了。

曹丕风风光光当上魏王兼汉朝丞相，凡曾为此出过力的都有酬报。司马懿所得的奖赏，一是晋爵，二是升官。就晋爵而言，他受封为河津亭侯，第一次佩戴上了侯爵的紫色绶带。东汉的封爵制度，异姓一般最高只能封侯（但曹操此种权臣除外）。侯爵的封地，按大小又分为县、乡、亭三种。亭在当时是乡以下的行政单位，犹如今之村或庄。亭侯的封地虽不大，但终归是侯爵中的一等，所以司马懿受封之后相当满意。

就升官而言，曹丕继位之后，先是让司马懿担任自己丞相府的长史（长字的读音与首长的"长"相同），也就是他在行政方面的主要助手。不久，又任命司马懿为督军御史中丞。曹丕初登王位，最担心的事莫过于内部出现反对派。督军御史中丞的职责，正是监视文武百官动态，举报弹劾不轨行为。曹丕把如此关键的任务交给司马懿承担，可见他对后者是何等信任和倚重。

把曹丕扶上王位，只是忠实追随者们的第一步行动。他们的最终目的，是要把曹丕捧上皇帝的宝座，即取汉献帝的位置而代之。汉室江山早已名存实亡，再说拥立新朝君主又有优厚的酬报，他们何乐而不为呢？

正月下旬曹丕登上王位。当年十月，支持魏王代汉称帝的舆论便进入高潮。

在中国古代，敦劝某人登上九五之尊，有一专用名词，即所谓的"劝进"。劝进者是真心真意地敦劝，被劝者则是假模假样地推辞，于是便有一劝，二劝，三劝之类的滑稽闹剧出现。至于要劝多少次，被劝者才会"俯允众意"，那要看被劝者的性格而定。生性干脆者，劝一次也就可以了，像后来的孙权就是如此。但是，曹丕好文，喜欢做表面文章，所以创下了劝十七次，让二十次的罕见记录，真是前无古人，后无来者。这些劝和让的文字，全部都保存在《三国志·文帝纪》裴松之注文之中，今人看后不禁会想：古人真是长于笔翰，就那么一个题目，竟然能写出那么多"清辞丽句"的花样来。

在这场劝进大合唱中，当然少不了司马懿的声音。他以督军御史中丞的身份，率领其下属四人，即侍御史郑浑、羊秘、鲍勋、武周，共同上了一封劝进表章，敦劝曹丕早登大宝。但是，我们如果稍微留心比较一下，就会发现，司马懿虽然参与了劝进大合唱，他的表现却与他人有所不同。

以司马懿与曹丕非同寻常的关系，他在当时理应争取做到以下三点：劝进时间最早，劝进次数最多，劝进文辞最动听。然而从文献记载中反映的事实来看，上述三点他却是一点都没有做到。

　　就时间而言，最早劝进拔得头筹者，乃是一个很不出名的官员李伏，时任左中郎将之职。在诸多臣僚劝进表章中，司马懿领衔的那一封只能排名第五。也就是说，在他之前，上表劝进者已有四批之多。再就次数而言，劝进最不厌其烦者，是尚书令桓阶，共劝进五次。就是与司马懿相好并且同为曹丕心腹的陈群，也达到两次。反观司马懿，也就仅仅一次而已。最后说到文辞的动听程度如何，在这一点上，司马懿给人的印象可以用四个字来形容，即"取法乎中"。他呈上的表章只有两百字多一点。其间虽然免不了要给曹丕唱赞歌，但令人肉麻的话寥寥无几。最后请求曹丕早登帝位时，也只用了"臣妾上下，伏所不安"两句比较一般的话来表示自己的心情。相形之下，不少人的表章就动听得多了，例如，太史丞许芝，洋洋洒洒写了一千多字，列举了十大方面的征兆，来说明魏受汉禅的必然性与合理性，包括谶纬书中什么"鬼在山，禾女连，王天下"之类影射"魏"字的假玩意。相国华歆、太尉贾诩和御史大夫王朗三位元老，所上的表章又另辟蹊径，专在粉饰曹丕本人上面下功夫，说是"陛下即位，光昭文德，以翊武功；勤恤民隐，视之如伤；惧者宁之，劳者息之；寒者以暖，饥者以充；远人以德服，寇敌以恩降；

迈恩种德，光被四表；稽古笃睦，茂于放勋；网漏吞舟，弘乎周文"，真把曹丕说得是天上才有，人间绝无，比那唐尧（即放勋）、周文王还要伟大。要想知道，曹丕继位的时间，满打满算也才短短十个月啊。

司马懿在这场闹剧中采取中庸之道，其原因是不难窥知的。从个人的特性来说，他本是一位以谋略和庶事见长的人，即今天所说的实干型人物。对于那种专靠谄媚吃饭，别无本事的马屁精角色，他会产生天然的鄙视，自然更不会效法其作为。再从他与曹氏的关系上看，他老早已是曹丕的心腹，而所凭借的正是忠诚与才干，因此，他用不着在劝进上与他人比早迟，比次数，比文辞的动听。事实上，在劝进大合唱中最抢先、最卖劲者，反倒是与曹丕关系不深的人，这倒是很耐人寻味的事。最后，还可从当时的情势来观察。曹氏代汉，势所必然，此时此刻恐怕只有傻瓜才看不出来。但是，代汉的基础完全是曹操打下的，曹丕不过是坐享其成。因此，劝进表章对曹丕确实是要唱赞歌的，然而决不能赞美得太过分。太过分了，不仅正派的士大夫要产生反感，就是曹丕本人恐怕也会有虚假之感觉，这不是自轻自贱的愚蠢行为吗？总而言之，司马懿之取法乎中，乃是他务实、自信、审势的结果，绝对不是任意行为。他的个性，他的谋略，都可从中窥见一斑。

十月二十九日辛未，曹丕在许都南郊的曲蠡设坛告天，登上了皇帝宝座，改元黄初。事实证明：司马懿在劝进时采取中庸之道是非常明智的，他既没有把自己降低到马屁精、谄媚鬼的行列，同时又没有引起曹丕的反感。相反，曹丕称帝后对他愈加信任，特别提升他为侍中兼尚书右仆射（射的读音同"夜"），与尚书令桓阶、尚书左仆射陈群，共同负责尚书台事务。而那些原来与曹丕关系疏浅的官员，如左中部将李伏、太史丞许芝，尽管劝进劝得最早，最动听，却依然没有得到重用。

前面说过，东汉以来的尚书台，实际上是全国军政机要事务的处置机构，是直属于皇帝的"军机处"，所以当时有"天下枢要，皆在尚书"之说。魏受汉禅，这一政治格局依然未变。而尚书台的首脑，是尚书令和尚书左、右仆射，简称"令仆"。令、仆之下，有六位尚书，分管三公曹、吏部曹、民曹、客曹、二千石曹和中郎官曹。桓阶、陈群和司马懿，分任尚书令、仆，同时又都兼任侍中，也就是皇帝侍从长官。不久，桓阶病逝，陈群升任尚书令，司马懿专任尚书仆射，二人入则陪天子，出则掌枢机，简直如同曹魏皇朝的正、副丞相一般，倒把那曹丕新设置的三公，即太尉、司徒、司空，完全架在半空中了。

司马懿当尚书仆射兼侍中，一当就当了五年。在此期间，他的行政才能得到了充分的施展。其实，就庶事的干练而言，司马懿明显比陈群要强，但是就年龄和资历而言，陈群又比司马懿大一点，高一些。由于司马懿处处尊重陈群，从不自高自傲，所以二人关系相当融洽，魏朝的军政事务也处理得相当不错。曹丕仓促接班而政事并未废滞，这当中应当有司马懿的一份功劳。

司马懿做事干练精密，深受曹丕的赞赏。黄初六年（225年）二月，曹丕下达诏书，任命司马懿为抚军大将军，录后台文书事。从此，司马懿开始承当"镇守之重"，成为魏朝镇守后方的重臣。

这是一次很不寻常的任命，其来历须得略作交待。

建安十三年（208年）冬，曹操被孙权、刘备的联军击败于赤壁（今湖北省赤壁市西北长江南岸）。六年之后，刘备又夺得西面的益州。至此，曹操占领了司、冀、兖、豫、幽、并、青、徐、凉九州之地，孙权占领了扬、交二州及荆州之东部，刘备占领了益州及荆州之西部，三分鼎立的局面至此形成。在此后的时间里，三方之中的曹刘二家，一直处于敌对状态；老谋深算的孙权，则在曹刘之间大玩纵横捭阖的手段，时而联刘抗曹，时而依曹攻刘。曹操临死前一年，孙权下决心进攻关羽，夺取荆州西部，以全据长江，张拓形势。为了避免两面受敌，他以卑辞厚币向曹操称臣纳款。曹操也正在考虑如何遏止关羽咄咄逼人的北进攻势，遂听从司马懿的建议，怂恿孙权偷袭关羽的后背。是年十月，孙权大将吕蒙以白衣渡江之计，偷袭得手，杀关羽，得荆州。孙权把关羽的首级送往洛阳，曹操见到这位故人兼敌人的遗容之后，不久也溘然长逝。曹丕继位之后三年间，孙权继续称臣纳贡，稳住曹丕，以便专力对付刘备东下复仇之举。魏文帝黄初三年（222年）闰六月，孙权大将陆逊，在夷陵的猇亭（今湖北省宜昌市猇亭区），一战大破刘备数万精兵，彻底消除了西面的威胁。四个月后，暗自得意的孙权与曹丕翻脸决裂，改元"黄武"自立，临江拒守。曹丕至此才意识到自己被对方蒙骗了三年之久，不禁怒火中烧，于是锐意亲征伐吴。

黄初五年（224年）八月，曹丕从许昌出发，亲乘龙舟，率大军循颍、淮二水杀向广陵郡（治所在今江苏省扬州市西北）。行前，他留司马懿镇守许昌（今河南省许昌市东），负责督办后勤军需事务。九月，曹丕抵达徐州广陵郡的长江北岸。当时正值秋洪骤起，长江之上波浪滔天。便于舟楫的孙吴水军，舳舻相接，帆樯如林，在江面上自由往还，声势夺人。而魏军的铁甲骑兵，却只能望波勒马，不敢越天堑一步。此时此刻，曹丕终于清醒地认识到：至少在目前，越长江而吞孙吴，还只能是说说而已的空想。他立马江岸，长叹一声："魏虽有武骑千群，无所用之，未可图也！"随即下令撤军北归。

曹丕伐吴不成，对出外巡游却上了瘾。他本是王孙公子出身，又具有浓厚的文人气质，在此内外形势比较安定的情况下，想在青山绿水之间多多流连，也是很自然的事。但是，要想舒舒服服，无牵无挂去周游四方，必须解决两大问题。第一是出巡的借口。皇帝照理应当遵守古训，盱食宵衣，忧勤天下，怎么可以沉溺于游玩之乐呢？所以必得找一个恰当的借口。解决这一问题不难，只消说是朕有志吞吴，需要统率六军巡视，以便等待机会打过长江也就可以了。第二是后方留守人选。皇帝统兵在外巡游，居无定处，这后方的一切，包括日常政事、宫殿宗庙、府库物资、百姓户口等，都得交付给他人负责管理。不难看出：这后方的留守大臣，实际上就是一位代理皇帝。因此，必得要找一位既忠诚，又能干，外加威信卓著的人来承当此任。曹丕反复考虑，觉得只有司马懿最适合。于是，便有了上述这一次很不寻常的任命。

　　司马懿从侍中兼尚书仆射升任抚军大将军、录后台文书事，不仅官品提高了，而且实权也大大加重。加重主要表现在两点：首先，原来的侍中与尚书仆射，均是文职，不涉武事，而抚军大将军则握有重兵。按曹丕的指示，在自己出外巡游时，后方的中央军和地方军，统统要听抚军大将军的调遣节度，这权力实在不小。其次，原来的尚书仆射，只是尚书台的副长官，而"录后台文书事"却不然。曹丕出巡时，尚书台随之分为两部分。随皇帝巡行处理前方政务者，叫作"行台"；留在后方处理后方政务者，叫作"后台"。后台的政务，大大重于行台，与未分之前的尚书台相比也差不了多少，因此也置有尚书令、仆。而录后台文书事，则是在令、仆之上总领后台政务，无所不统，就是尚书令、仆，也要受其监督指挥。所谓"录"，意即总管，可见尚书仆射的权位，与之是完全不能相比拟的。

　　至此，司马懿便成为曹魏统治集团中少数几位重臣之一。

　　陡然跃升到最上层的统治核心，司马懿受任前特意谦辞一番，以表示自己淡于权位。这当然是老谋深算的他所采取的一种政治姿态。曹丕不允许他的推让，说："吾理政事，以夜继昼，无片刻的安宁和休息。今任卿以留后事，并非与卿添增荣耀，实在是想让卿分担吾之忧虑啊！"

话说到这种地步，司马懿也不再坚持。于是，他在许昌积极筹备镇守事宜，开始承当留后的重任。一个月后，魏帝曹丕便又乘龙舟东下江淮巡游去了。这正是：

皆因文帝游心大，司马高升最上层。

要想知道司马懿接下来还要接受魏文帝曹丕的何种重托，其家庭又出现何种风波，请看下文分解。

第五章

受诏洛宫

魏文帝黄初六年（225年），炎夏时节的许昌，赤日如火，溽暑逼人。在城南抚军大将军的私邸内，司马懿满面倦容，躺在卧榻之上养神。府邸内外，一片寂静。

他身体不适已经好几天了，一来是天气太热，二来是公务繁重。此次曹丕东下江淮，仍然用的是"伐吴"的名义，而且煞有介事地出动了十万兵马。军队人数众多，作为主帅的皇帝曹丕，又并非真心想打仗，结果行军速度缓慢得出奇。大军从许昌出发后，先由陆路东行至故乡谯县（今安徽省亳州市）上船。许昌到谯县顶多四百里，又是平川大道，竟然走了将近四十天。五月上旬，兵马抵达皇帝的故乡谯县，一停又停了三个月。在这期间，曹丕每日与家乡父老故旧欢饮聚会，一直等到秋洪消退后才又上路。曹丕一行倒是无忧无虑，快乐得紧，后方的司马懿可就苦了。前方十万将士，再加上皇帝侍从，天天要吃要喝，要穿要用，这都得由他张罗供给。此外，后方各州郡的大量公务，还得由他总理。在千斤重担的持续压力作用下，四十七岁的司马懿，尽管年富力强，精明干练，也感到有些吃不消了。再加上暑热侵袭，他终于病倒在卧榻之上。

司马懿的病情其实并不重，主要是感觉十分疲乏无力。他静静地躺着，看起来像是在闭目午眠，实际上却未入睡。近来他常常失眠，就是在较凉爽的夜间也是如此。为了使自己能在晚上安然入睡，他在日间想睡眠时也强忍着。当然，欲眠不能眠，心中不免焦躁，于是他便以回想往事来镇静自己。

此刻，他的心中正在重现三个月前皇帝御驾亲征离开许昌时的情景。他率领留后官员，在许昌的南门外为出征者送行。车辚辚，马萧萧，旌旗蔽空，戈矛耀日，十万貔貅过处，真有地动山摇之声势。当天，皇帝全身戎装，乘坐御驾亲征时专用的"戎车",从许昌的行宫缓缓南行出城。那戎车之前,由九卿之一的执金吾率领清道骑士为前驱;骑士之后是九辆导引的斿车,车上载彩色鸾旗,金钲黄钺。斿车之后,即是天子御用的戎车。此车华丽无比,其身饰以金箔龙形图案和孔雀花翎;其轮毂以朱红之漆;其上建以大旗,旗绘日月云龙,并系有十二条彩色飘带;其前驾以六马,辔轭皆以金银为饰,而后排左侧的骖马轭上,系有一根形大如斗的旄牛尾,即所谓的"左纛"。当戎车来到近前时,司马懿率下属一齐拜伏行礼如仪。曹丕吩咐停车,把司马懿召到车旁,缓缓说道:"吾深以后事为念,故以之委卿。曹参虽有战功,但留守后方的萧何功劳更大。若能使吾无后顾之忧,不是很好么?"

将自己比作当初西汉高祖刘邦的第一功臣萧何,这样一种器重,这样一种眷顾,使司马懿一想起来就激动不已。他立时感到自己躺在病榻上有负圣恩,于是勉力起身,准备前往留守府办公。

曹丕代汉称帝之后,下令建立五座都城,即中都洛阳,东都谯县,南都许昌,西都长安,北都邺县。五都并立,不单是想显示大魏的疆域比吴蜀二国广袤,更主要的一点,是可以给皇帝出巡四方提供方便。根据史籍的记载来计算,曹丕在位的时间总共只有六十八个月，而他在中央都城洛阳之外巡游即占四十四个月之多，在洛阳居住的时间还不到二分之一，仅仅只有两年。在外巡游，曹丕住在许昌的时间最长，累计达到二十四个月。许昌的行宫，就是汉献帝过去的皇宫。这座皇宫的规模虽不大，然而建筑却颇为精巧富丽，当时有人作赋描绘，说是"修栏荫于阶砌，崇栋拂乎昊苍。绮组发华，翡翠生光。丹草周隅，灵木成行"。整座皇宫的设计，依然是前殿后宫的传统格局。在前殿区的主体建筑景福殿的东南，有过去汉朝尚书台的官署。司马懿所总领的"后台"，其办公机构就设在这里。

听到司马懿起身的响动，他的侧室夫人柏氏立即带领侍女奔了进来。这柏氏年轻貌美，善解人意，颇得司马懿的欢心，近年已据专房之宠。而嫡室夫人张氏，因色衰不免爱弛，竟被排斥在别室居住，与司马懿难得相见。昔日夫妻，今隔河汉，司马懿的起居生活，也就专由柏夫人来照料了。

柏夫人听说司马懿要去后台办公，连忙好言劝阻。司马懿心内烦躁，便挥手让她走开。正相持间，忽然又走进一个人来。此人非他，即是司马懿的嫡室夫人张氏。

原来，张夫人从侍女口中得知丈夫卧病的消息，非常忧虑担心。她本想立刻前去丈夫住处探望，但是又怕遭受夫君的白眼。以往自己已经多次受到夫君的冷遇，这次很可能也是这样。果真如此的话，自己受气是小事，加重丈夫的病情可是于心不安了。但是，多年来夫妻之间的情分，作为嫡室夫人的责任，又使她不能安坐于室。犹豫多天之后，她终于向丈夫的卧室走来。她哪里知道，来得完全不是时候。

心情烦躁的司马懿一眼看到张夫人，脸上陡然现出愠怒之色。他不待结发妻子开言，就狠狠骂道："令人憎恶的老东西，到此处来干什么！"

这突如其来的无情辱骂，对可怜的张氏而言不啻是迅雷轰顶。她立时痛哭失声，以手掩面回自己的住房去了。

回到卧室，她不停地悲哭了一个多时辰。好心无好报，使她感到委屈万分；在侧室面前受骂，使她感到耻辱万分；结发夫妻反目如此，更使她感到伤心万分。想来想去，张夫人决定以死求得解脱。那时，闺阁中人自杀，多用金器刮屑，然后以金屑和酒饮下的方法。张夫人悄悄刮制金屑之际，被细心的大儿子司马师发觉。她求死不得，遂愤而不食，任凭自己的儿女们在面前哭作一团。

司马懿娶有妻妾四人，共生九子：嫡妻张氏，生司马师、司马昭、司马幹三兄弟；侧室伏氏，生司马亮、司马伷、司马京、司马骏四兄弟；侧室张氏，生司马彤；侧室柏氏，生司马伦。九子当中，最具才能者当数司马师和司马昭。此时，司马师十八岁，司马昭十五岁，已到懂事的年龄。兄弟二人见母亲伤悲到如此地步，也都陪同绝食，水米不进。消息传到司马懿的耳中，他不禁大吃一惊。

略一思忖之后，他立即起身来到张夫人的卧室，向结发妻子赔礼道歉。态度之和善，言辞之诚恳，与先前判若两人。张氏受冷眼受多了，猛然得此殊遇，反倒不安起来，轻生的念头自然随之打消。至此，一场家庭危机终于化解。司马懿告辞张氏，回转自己的卧房，长长吐了一口气后说道："老东西轻生不足惜，只担心毁了我那两个好儿子啊！"

说来也怪，经过这场家庭风波后，司马懿竟然病态全消。不久，他就重新到后台视事。公务繁忙，时间易逝，不知不觉便到了寒冬。十二月间，司马懿收到前方送来的通报，说是皇帝已经率领大军北归，近期之内即将到达许昌。于是，他放下日常事务，集中全力准备迎接皇帝的归来。

清扫皇宫，缮修军营，整治道路，调集物资，司马懿与属下一班文武官员忙得一塌糊涂。办事精细而又经验丰富的抚军大将军，可以说是把一切应办的事都预料到而且完成了，但是恰恰有一件事他没有想到。

原来，这许昌城的城门，在当初汉献帝被曹操移到此地时，曾进行过一次扩修。由于施工时间仓促，建筑质量比较低劣，尤以南门为甚，可以说是当时的豆腐渣工程。近年来，南门的内部结构变化剧烈，而从外部看去却毫无异样。于是，一场戏剧性事件就发生了。

黄初七年（226 年）的正月间，阳和布气，大地春回。魏文帝曹丕在十万兵马的拥卫之下，威威风风循原路回转许昌。在距许昌还有几十里的路上，他从戎车当中眺望出去，但见颍水平原上的柳树已吐嫩黄，芳草正染新绿，心情异常愉快。此次南征的结果，仍然如上次一样是临江兴叹，无功而返。不过，他之心意本不在战果如何，而在山水之间，所以无功而返毫不影响他的情绪。此刻，他的眼睛注视着回春的大地，口中却在吟诵着前不久才作成的一首赞美此次出征的五言诗：

　　　　观兵临江水，水流何汤汤！

　　　　戈矛成山林，玄甲耀日光。

　　　　猛将怀暴怒，胆气正纵横。

　　　　谁云江水广，一苇可以航？

　　　　不战屈敌虏，戢兵称贤良。

　　　　……

这首诗才吟诵到一半，忽然有一名侍从趋前报告：刚刚接到许昌后台送来的文书，说是许昌南门突然无故崩塌，不能通行，抚军大将军等将改在东门迎接车驾入城。曹丕一听，愉快的心情顿时消失得无影无踪。

城门无故自崩，崩的又是都城所在而且自己经常出入的南大门，曹丕觉得这是大不祥的兆头。经过一番考虑，他觉得只有不进许昌，才能避开这样一股晦气。于是，他立即传诏：改道西北，绕过许昌，回中都洛阳。

事有凑巧，曹丕正月间回到洛阳就开始生病。御医们越是尽心尽力诊治，那病势越是不见起色。入夏之后，皇帝终于被医得倒床不起了。

论年岁，曹丕刚满四十，正该是年富力强之时；论生活条件，谁又能与皇帝相比？那么曹丕何以会说病就病，一病就不起呢？说到底，还是早婚和纵欲这两条害了他。曹丕虚岁十八就娶了妻，当了皇帝之后，左右的妃嫔上百，以一当百，曹丕还想长寿？

到了五月初，曹丕的病势突然加重。

他静静躺在嘉福殿内的卧榻之上，开始认真考虑身后之事。

首先要考虑的是继承人选问题。曹丕共有九子，居于嫡长地位的乃是甄皇后所生的曹叡。甄后与曹丕本来恩爱甚笃。曹丕当上皇帝广选嫔妃之后，把当初的海誓山盟忘得一干二净，甄后自然有怨恨之言。不想曹丕一怒之下，竟然赐她自尽。甄皇后之死，使得曹叡的继承权产生疑问。结果，在曹丕当皇帝的七年间，魏国的太子位置一直空置无人。现在，曹丕行将入土，终于下定决心立曹叡为皇太子，而此时的曹叡，已经二十一岁了。

下达了册立太子的策书，曹丕又考虑辅政大臣的人选问题。由于太子身份长期未定，曹叡一直得不到从政的锻炼机会。他既无政治经验，而且和朝廷重要官员素无接触。在这种情况下，如果没有几位得力重臣来辅佐，曹叡将很难应付曹魏内部的军国事务，以及对外与蜀、吴两国的激烈竞争。

至关重要的军权，当然要交给曹氏宗亲掌管才放心。这方面曹丕物色的人选有二：一位是中军大将军曹真，字子丹，另一位是征东大将军曹休，字文烈。此二人是曹丕的族兄弟，从小与曹丕一起长大，关系非常之亲密。曹丕准备让曹真居中掌握最高军权，让曹休出任东南战区的最高长官，内外呼应，相互支援。

行政之权则交付给两位最可靠的异姓大臣，即镇军大将军陈群和抚军大将军司马懿。两人都以"录尚书台事"的名号，共同总领机要政务。由于陈群还兼任了中护军之职，也就是皇宫卫队的副司令官，所以尚书台的政务，主要就压在司马懿的身上。

五月十六日丙辰，曹丕病势垂危，在回光返照之际，召太子曹叡及辅政大臣至嘉福殿接受遗诏。因东南方面应对孙吴的军事形势紧张，所以征东大将军曹休留在原地。司马懿早已从许昌赶回京都，此时便和曹真、陈群一同进入皇宫。曹丕望着跪伏在地的辅政三大臣，口述遗命，要他们同心协力辅佐嗣主。接着他又回过头来吩咐太子曹叡道："今后若有人离间攻击此辅政三公，慎勿信之，切切！"说完之后，曹丕即陷入昏迷之中。次日，曹魏的开朝皇帝与世长辞，终年仅四十岁。

司马懿受诏洛宫，位列辅臣，这一非同寻常的政治大跃升，令他感慨万端，非但兴奋激动而已。回想三十六年前，也是在这洛阳城内，全家老小受到董卓军队的侵扰，那情景是何等的狼狈可怜。而今，自己却是拜将封侯，乘朱车，佩金印，出入皆有六百中央军猛士护卫，又是何等的荣耀威风。人还是同样一个人，荣辱之悬殊却有若天渊。何以会如此呢？说到底还不是权力在起作用么！董卓有权，你全家老小的命运就得听从他安排；我今有权，也就可以支配他人之生死。真可谓得权者昌，失权者亡，悠悠万事，唯此为大。想到这里，他暗自告诫自己：此身既已挤进了最高权力核心，今后便得在"权"字上狠狠下功夫，断不能让他人把自己从核心中又排斥出来！

就是带着这种对权力的深刻认识，司马懿雄心勃勃地踏入了政治生涯的新阶段。这正是：

有无权力天渊别，受诏洛宫感慨深。

要想知道司马懿担任辅政大臣是否顺利，又怎样应对新皇帝的集权举措，请看下文分解。

第六章

拥兵荆豫

司马懿就任辅政大臣之后，立即移家到中央都城洛阳。

汉魏时期的洛阳，是全国数一数二的大都市。其城池南北长九里，东西宽六里，有城门十二座，大街二十四条。东汉兴盛之时，且不说那闹市区是如何"车毂击，人肩摩，连衽成帷，举袂成幕，挥汗成雨"，就是地处南城外郊区的太学之内，四方负笈从师的莘莘学子也经常保持万数以上，可见其繁华之一斑。董卓之乱，洛阳惨遭浩劫，烧成废墟。曹操统一北方，开始着手缮治旧都宫苑。曹丕称帝定都洛阳，这座城市再度繁荣发展。及至曹叡继位，洛阳虽不能说完全恢复了昔时全盛的风貌，但是用人口殷盛、城市宏伟来形容，却是毫不夸张的了。

城中东西方向最宽阔的街道是御道，东起中东门，西至雍门。天子所居的皇宫，其南大门阊阖门，就正对这条皇帝专车才能使用的御道。从阊阖门向西，过皇宫西垣墙不远，有一片居民区叫作永安里。永安里的住户多为达官贵人。司马懿的私宅，就在永安里中。

他移家于此之时，本以为将在京城之中安居一段较长的时间，至少是两三年罢。但是，长于计虑的他，这一次却想错了。一年之后，司马懿突然接到魏明帝曹叡的指令，要他出屯南方的军事重镇宛县（今河南省南阳市，宛字的读音同"渊"）。

辅政大臣不在京都辅佐皇帝，却被打发到前线去当指挥官，这是怎么一回事呢？

事情的起因很简单，就是曹叡不愿意当一个挂名天子，他把父皇临终前所安排的四大臣辅政格局断然打破了。

当初魏文帝曹丕苦心安排的四大臣辅政格局，在他自己看来是相当理想的，孰料他眼睛一闭就出了问题。问题不是出在主管文事的两位异姓辅臣，即陈群、司马懿身上，而恰恰出在与曹丕有宗室之亲的曹休与曹真身上。那征东大将军曹休，领兵打仗虽然勇冠三军，势不可挡，然而胸襟气量却有欠弘广。他认为自己的名位资望与曹真不相上下，在血缘关系上与皇帝更亲近，所以居中执掌最高军权的应当是自己而不应当是曹真。曹真原本姓秦，其父秦邵，与曹操素为莫逆之交。曹操起兵讨伐董卓，秦邵率众随曹操征战，死于军中。曹操伤悼故人，便亲自收养了秦邵之子，并赐姓曹氏，此子即是曹真。在曹休眼里，你曹真虽然姓曹名真，却并非真资格的曹家人，凭什么凌驾在我之上？他心中有气，便在行动中故意和曹真过不去。这曹魏军界的两巨头，一外一内闹起别扭来，影响自然不小。史称当时是"有曹休外内之望"，"大臣秉事，外内扇动"。此处所谓的"望"，并非希望的望，而是怨恨之意。强臣不和，嗣主年轻，曹魏的政局陡然就出现了危机。

换上其他庸碌之人，可能就束手无策了，但是二十一岁的曹叡不然。他面对眼前的局面，毫不惊惶失措或者忧心忡忡，相反，他下意识地甚至还有点高兴。曹叡其人虽然年岁不大，却非等闲人物。他天资聪明，目光敏锐，做事又极有主见。对于父亲生前给自己所安排的政治格局，曹叡是不大喜欢的。四位辅政大臣分掌军政，那自己不是成了由四名保姆进行教养的幼儿了么？还有一层，即曹叡很爱自己的生母甄氏。甄氏生前受到曹丕的抛弃；其后曹丕又逼令其自杀；甄氏入殓时披头散发，口塞米糠，情景至为悲惨；因受母亲的连累，曹叡多年都不能取得太子之名分。这一切，都使曹叡内心深处，隐藏着一种对父亲的抵触情绪。这种情绪，当父亲在时不敢发泄，父亲死后，则可通过冲破父亲苦心安排的政治格局来实现心理满足。以上两层因素，都在刺激曹叡抛弃大臣辅政的体制，而军界二曹的失和，正为他抛弃先帝遗制提供了适当的借口。

抛弃先帝遗制，毕竟是一件大事，所以曹叡的行动虽然果决迅速，计划却相当稳妥周密。

就在曹叡继承帝位的七个月后，他对朝廷大臣做了一次重新任命，以太尉钟繇为太傅，征东大将军曹休为大司马，中军大将军曹真为大将军，司徒华歆为太尉，司空王朗为司徒，镇东大将军陈群为司空并录尚书台事，抚军大将军司马懿为骠骑将军。

这是一次看似寻常，其实却很不寻常的大封拜，是曹叡为了实现"政由己出"的目标而走出的第一步。封拜虽然涉及七位大臣，但是真正的目标却是辅政四公，其余的钟繇、华歆、王朗三人，不过是陪衬陪衬而已。要想知道何以说真正的目标是辅政四公，不得不先略说一下当时曹魏高级将领的等级制度。

曹魏此时的高级将领，与此前的东汉旧制已经有所不同，最高一等是大司马，其次是大将军、太尉、骠骑将军、车骑将军、卫将军、中军大将军、上军大将军、镇军大将军、抚军大将军、征东大将军、征南大将军、征西大将军、征北大将军。以下尚有多等名号，此不赘列。

曹休由征东大将军，一下子升任最高等的大司马，比升到大将军的曹真反而高过一级，这对心怀怨气的曹休而言，明显是一种安抚措施。不过安抚归安抚，升任最高军职的曹休依然留在东南战区，并未调回京城执掌大政，实际上依然是一位方镇而已。

中军大将军曹真就任大将军，足足跃升了五级。但是且慢高兴，因为不久之后，曹真就被派到关中战区，去主持西方军事，专力对付频频北伐的诸葛亮。原本掌握全国军权的大将军，也降格成了一位方镇。

至于陈群，由镇军大将军改任三公之一的司空，在品级上也晋升了一等。不过，镇军大将军是有实权的职务，而汉魏的三公，是只能坐而论道的摆设官位。尽管陈群保留了录尚书台事的头衔，然而从史籍所载的情况来看，魏明帝从此对尚书台的机要事务直接亲自过问，陈群这个尚书机务总领的分量就轻多了。此外，在辅政四大臣中，陈群是才干最弱而性格最柔的一位，曹叡偏偏保留了他的录尚书台事的头衔，让他在京城辅佐自己，这样既能显示先帝的遗制犹存，自己又能放开手脚处理政事，用心真可谓深细之至。

最后说到本书的主人公司马懿。司马懿从抚军大将军升任骠骑将军，在品级上也跨了四阶之多，因为中军、上军、镇军、抚军四种大将军是同级的。但是，他升官之后，录尚书台事的头衔却没有了。失去总领尚书机要的资格，辅政大臣又如何能辅政呢？这还不算，六个月后，司马懿又奉诏离京，出屯南方战区的军事重镇宛城，这样一来，他也成了一位方镇，距离权力中枢就远了。

当时，曹魏的前方战区，主要分为三处：东南战区在淮南扬州，直接面对孙吴的腹心地区江东；西方战区在关陇的雍、凉二州，直接面对蜀汉的北伐兵锋；南方战区在洛阳正南的荆、豫二州，直接面对的是吴、蜀二国的接合部。以上三战区的中心据点，分别是寿春（今安徽省寿县）、长安（今陕西省西安市西北）和宛城（今河南省南阳市）。

至此我们已可看出：司马懿到南方战区去当前线指挥官，乃是魏明帝曹叡"政由己出"计划中的要点之一。曹叡先通过大封拜表示一番尊宠，让衮衮诸公高兴高兴，接下来就把辅政四大臣中的三位，统统都打发到上述三大战区去任方面大将，只留下一个唯命是从的纯粹文臣陈群，在京师装装门面。这样一来，他就完全从四大臣辅政的先帝遗制中跳了出来，从而把朝廷大权牢牢抓在自己手中。你说这位年仅二十一岁的新皇帝，政治手腕老辣不老辣？

魏明帝太和元年（227年）炎夏六月，骠骑将军司马懿，以督荆、豫二州诸军事的名号，出镇京城洛阳正南八百里处的宛城。曹魏的大将出镇方面，经常要在军阶本官之外，再加以"督某某州诸军事"或"都督某某州诸军事"的名号，这种名号表示其军事指挥权限所及的范围。以司马懿为例，其军阶本官为骠骑将军，其指挥权限则及于荆、豫二州。凡在此二州内驻防的各军，其军旅事务皆由司马懿指挥督办。平心而论，这权限也委实不小，但若要与辅政大臣总领尚书台机务的事权相比，那就不免逊色多了。

骄阳如火，暑气蒸腾。司马懿一行出京都，渡洛水，经伊阙，兼程南下。他端坐在一辆朱轮安车之内，神情愉快，意态安闲，不仅不因酷热而焦躁，而且也不因自己被降格使用而烦恼。谋略深长的司马懿，识见果然与常人不同。他认定：此次离开中枢机要，拥兵荆、豫二州，从眼前的得失着眼，自然受损不少，但若从长远的利益考虑，却是一桩大好事。因为此前自己虽然名为抚军大将军，然而一直未曾真正统领过兵马。未曾统兵马的大臣是有致命弱点的。首先，政坛竞争无情而激烈，要想长期立住脚跟，必须有刀把子作后盾。没有兵权，就难以保持政治上的发言权，这是千真万确的硬道理。其次，在政坛上竞争，还必须有一批忠实的支持者才能稳操胜算。但是，在中央任文职官员，培植亲信，发展党羽相当困难，因为众目所视，弄不好就要遭人非议。出镇方面之后则不然。你是一方首脑，基本上是一手遮天，加上军旅之中的人事提拔乃是常事，所以在这里培养嫡系势力简直如鱼得水。只要手握强大的兵权，兼有一批心腹党羽，到时候再返回京都，还怕没有我的一席之地么？此去宛城，务必要在军事上早建奇功，树立威望。这一步实现了，其他一切都将迎刃而解。

　　带着强烈的立功树威意识，司马懿来到南方重镇宛城。下车伊始，他就马上着手策划一次大规模的军事行动，即上庸之战。说来令人奇怪，这下车伊始的第一战，司马懿既不攻孙吴，也不打蜀汉，而是向自己的部属开了刀。

　　当时曹魏所属的荆州西南部，有一个新城郡。这新城郡下辖上庸、房陵、昌魏、绥阳、沵乡、武陵、建始、北巫、安富、广昌、锡城十一县，郡治就在上庸县（今湖北省竹山县西南）。此郡人口虽不甚多，但是西接蜀汉，南邻孙吴，地理形势相当重要。其郡治上庸，位于荆山西脉的堵水之滨，三面环水，城池高峻，是宛城西南的得力屏障。此郡若失，则宛城难守；宛城不保，则洛阳南门洞开。镇守这一军事要津者，为建武将军兼新城太守孟达。司马懿一到宛城，即磨刀霍霍，准备向这位下属动手。要问此举原因为何，须得先把孟达其人做一简略介绍。

孟达，字子度，系雍州扶风郡（治所在今陕西省兴平市东南）人氏。其父孟他，在东汉末年曾经用当时还很珍贵的葡萄酒，贿赂当权的宦官，换得一个凉州刺史的官职。孟他虽属窳劣之才，其子却不是凡庸人物。孟达外貌英俊，风仪闲雅，更兼口辩过人，志趣不凡。最初，他在益州牧刘璋手下任大将。刘备攻取益州之后，孟达改换门庭，成为刘备的部属。由于他不是刘备的嫡系，而且才干出众，性行高傲，所以既得不到刘备的信任，还受到同僚的排挤。汉献帝延康元年（220 年）秋，孟达再次改换门庭，率领部属四千余家投降曹丕。当时，曹丕已经继位为魏王半年多，正在处心积虑打主意代汉称帝。孟达来降，恰好为曹丕代汉提供了有力的事实根据，因为远人之所以稽首归颡，弃暗投明者，乃佩服魏王之巍巍功德也。加之孟达外表内涵出众，所以曹丕高兴得了不得，马上任命孟达为建武将军兼新城郡的太守，"委以西南之任"。此外，曹丕又给孟达一个散骑常侍的加官，将其列入自己的近侍之臣，二人同车出入，很是亲热了一阵子。区区一名反复无常的降将如此受宠，魏朝大臣均不以为然，纷纷谏止曹丕不要宠任孟达太过。其中上言最尽力者，即有司马懿。曹丕也不以衮衮诸公之言为然，故而孟达在曹丕当皇帝的六七年间，颇有春风得意之感。

正当盛年的曹丕突然病死，拥兵新城的孟达不免心慌。他知道，自己的靠山一倒，今后的处境将相当艰难。焦虑之中，他竟忘了"好马不吃回头草"的道理，想出一条再度投降蜀汉的下策。孟达以为：如今蜀汉先主已死，诸葛亮当朝秉政，或许会容纳自己。于是，他借邻接蜀境之便，暗中与蜀汉进行联络。哪知道蜀汉丞相诸葛亮最重修身，极为厌恶反复无常之人，所以在敷衍孟达之时，又故意派了一个名叫郭模的人，把消息透露给魏国的官方。消息传到宛城之日，正是司马懿下车伊始之时。早就打定主意要建功立威的司马懿，立时觉得机会来了。

司马懿首先把有关情况上奏朝廷，使皇帝有一定的思想准备。接着，他精心挑选了一名心腹幕僚，去新城执行特殊使

命。此人姓梁名几，时任骠骑将军府参军之职。梁几的使命有
二：一是观察新城郡军事布防计划，特别是孟达所在的上庸县
城布防状况，以供用兵参考。二是麻痹孟达，使之放松戒备。
因为孟达已经得知自己与蜀汉来往的消息有所泄漏，故而很可
能提前举兵反抗。如果是这样，将会给进攻新城造成困难。麻
痹的手段是以司马懿的名义给孟达修书一封，书中云：

> 将军昔弃刘备，托身国家，国家委将军疆场
> 之任，任将军以图蜀之事，可谓心贯白日。蜀人
> 愚智，莫不切齿将军。诸葛亮欲相破，唯苦无路
> 耳。模之所言，非小事也，亮岂轻之而令宣露，
> 此殆易知耳。

这封信把诸葛亮派郭模泄密，说成是离间之计，解释得
合情合理。孟达看了，大感欣慰。归降蜀汉之事，诸葛亮一
直还没有做出具体的安排。那一面的事情既未落实，这一面
又碰到消息走漏的倒霉事，究竟是铤而走险，还是静观待变，
他这个头脑灵活的角色一时间也拿不定主张。现在好了，司
马懿送来安慰书信，说明至少在近期内宛城方面不会采取行
动。于是，他那戒备之心完全松弛下来。梁几完成使命，不

数日即回宛城去了。

　　在此期间，司马懿早已秘密调集了数万精兵，做好一切军事准备。梁几的情报刚一带回宛城，数万兵马便以急行军的速度直扑孟达所在的上庸。这次行动是如此紧急和突然，以至于司马懿麾下诸将亦不理解。他们认为：孟达虽然暗中与敌国交往，但是并未公开举兵反抗朝廷，他也是一员戍边重将，这样以大兵相向是不是太匆忙了些？司马懿断然回答道："孟达素无信义，现今正值他犹豫不定之际，就是应当趁其尚未公开举兵作乱时迅速解决之！"

　　其实，统兵诸将都不知道主帅心中的谋算。司马懿要想在短期内建立奇功，绝不能在实力雄厚的蜀、吴二国军队身上打主意。孟达所率的兵马不过一万多，力量比较单薄，是一个十分理想的打击目标，岂可白白放过？何况孟达在朝中已经没有后台和靠山，拿他开刀绝不会引起麻烦，又何必手软？既然孟达注定该倒霉，施行突然袭击就完全有必要。这样一可逼迫孟达举兵反抗，从而造成谋反事实；二可在军事上得先行之利，从而迅速得手。司马懿的老谋深算，那些赳赳武夫又岂能揣摩得透彻？

　　这是魏明帝太和元年（227 年）的年底，朔风凛冽，大雪纷飞。四十九岁的骠骑将军司马懿，翻山越岭，涉江渡河，一路催军疾进。那时，上庸与宛城之间的路程，据《晋书》所载有一千二百里之遥。但是，司马懿的兵马只用了八天时间，就从宛城抵达上庸城下。

这边的孟达，毕竟不是平庸之辈。梁几匆匆回转宛城之后，孟达冷静下来思索一番，总觉得情况有点不妙。想来想去，他认为还是要早做预备，以防不测。于是，他下令征调下属各县驻军至上庸集中。而他下令调兵之日，恰巧是司马懿兵发宛城的那一天。

孟达原本以为，自己举兵的消息传到宛城，司马懿还不敢擅自行动，一定会遣使到洛阳报告。待到天子下诏，司马懿再动员军队开赴上庸，最快也是一个月以后的事了。在此一个月中，足以完成调集兵马、加固城池等备战工作。上庸山高水险，司马懿高居辅臣之尊，必定不会亲自前来；而其他诸将智谋短浅，自己凭城固守，还愁对付不了他们么？

司马懿突然兵临城下，孟达才知道自己的估计完全错了。困兽犹斗，他只好仓促应战。

司马懿也不客气，立即挥兵围城，从八个方向实施突破。与此同时，又根据梁几提供的情报，派人对孟达部属中存有二心者进行策反招降。孟达的外甥邓贤、部将李辅，见大事不好，便率先开门倒戈。结果，围城不过十六天，上庸即被攻克。司马懿擒斩孟达，俘虏一万余人，大获全胜，威震荆州。

司马懿威威风风回转宛城。荆州所属各郡的郡太守，全都急忙携带礼品，赶往宛城来祝贺。司马懿趁此机会，又把素来不服节制的魏兴郡（治所在今陕西省安康市西）太守申仪抓了起来，连同孟达的首级和叛乱证据，一起送往洛阳报捷。魏明帝得报，大为高兴，下令焚烧孟达之头颅于洛阳闹市的十字街头，同时厚赏有功将士。于是，司马公善用兵的舆论，开始在京城上下传播开来。

接着，司马懿又上奏朝廷，将新城郡一分为二，另外再设立一个上庸郡（治所在今湖北省竹山县西南），以减弱新城郡的总体实力，朝廷随即批准实施。于是，当地军政长官拥兵割据，对抗中央的隐患，基本就被消除。

上庸之战，使司马懿从此在军界树立起威信，站稳了脚跟，只是委屈了英俊聪明的孟达。这正是：

深沉司马多盘算，孟达聪明反倒霉。

要想知道司马懿接下来，还会在军界继续做出什么样的表演，请看下文分解。

第七章

献计伐吴

　　太和二年（228年）四月，骠骑将军司马懿奉诏前往京师洛阳朝见。

　　接到诏书后的第三天，他就启程北上了。离开京师将近一年，司马懿对朝中的情况已经不是很熟悉。在官场中搏斗的人，如果不了解政坛中心的风云变化，那是相当危险的。他急于进京，这是原因之一。但是，还有一个很特殊的原因。

　　这年春天，蜀汉丞相诸葛亮，亲率大军一出祁山（在今甘肃省礼县东北祁山乡），北伐中原。自刘备死后，五年之间，蜀汉方面毫无动静。如今蜀军一出动静，就出了一个大动静，突然大举进攻，魏朝方面确实吃惊不小，史称是"朝野恐惧"，"关中响震"。魏明帝曹叡急令大将军曹真统兵抵御，接着又亲自赶往长安督战。春末夏初之际，京城上下忽然传遍一个消息，说是皇上已经驾崩于长安，从驾群臣决定迎立皇上的叔父雍丘王曹植为皇帝。一时间，洛阳城中沸沸扬扬，人心浮动。司马懿在前不久也听到了这个消息。他还没有来得及弄清楚是真是假，突然又接到了魏明帝的诏书。他之所以匆匆上路，就是想弄清楚，京城之中究竟出了什么事情。

待到他风尘仆仆赶到洛阳，才知道这纯粹是一个无中生有的谣言。谣言究竟是本国内部人士制造的，还是敌国的间谍故意传播的，已经无从得知，因为皇上不同意就此事进行深入追查，还说："天下之人都作如是说，如何追查呢？"

至于曹叡召司马懿来京的目的，则是想向他垂询若干重要国事。而其中带有全局性的战略问题，即是对蜀、吴二国发起进攻的话，究竟该先收拾哪一个？

前不久曹叡在长安坐镇督战，前部大将张郃围攻蜀军先锋马谡于街亭之南山（在今甘肃省天水市东南），大获全胜，诸葛亮仓皇率军退走。二十三岁的曹叡刚当上皇帝不久，本来就雄心勃勃，慨然有并吞六合、苞举八荒之心；街亭大捷，更使他头脑发热，认为踏平二国，一统天下易如反掌。但是，究竟先吞蜀汉还是先灭孙吴，他也吃不准。想到司马懿足智多谋，他决定召之进京询问方略。

　　司马懿到达洛阳后的次日，即被安排入宫觐见天子。魏朝的皇宫，原是东汉皇宫的一部分。汉宫规模宏大，分为北宫和南宫两个相对独立的部分。董卓之乱，洛阳玉石皆焚，皇宫亦成丘墟。曹丕代汉称帝，先将汉宫之北宫加以恢复整修，作为皇宫，汉宫南宫则暂时弃置。此时的魏宫，其南面的正门名叫承明门，曹植《赠白马王彪》一诗中所言的"谒帝承明庐"，就是指的这里。宫内的主要建筑，有供朝会的建始殿、崇华殿（后改称九龙殿）、嘉福殿、芙蓉殿，有供游览的凌云台、八角井、西游园、灵芝池，等等。崇华殿之后，是皇帝与后妃的寝宫。出寝宫区北面的后门，即进入御用花园芳林园。芳林园中有天渊池、九华台、景阳山，一片雕梁画栋，玉树琼花，数不尽的旖旎风光。

　　君臣二人先在朝会的正殿——建始殿举行觐见仪式。礼毕，曹叡在殿后灵芝池中央的钓台设宴，款待骠骑将军司马懿。此时正当初夏，钓台四面绮窗之外，新荷吐翠，清气袭人；窗下碧波之中，赤鲤成群，往来倏忽。金樽美酒，玉盘珍馐，酒酣耳热之际，曹叡才抛出久存心底的问题："方今天下未一，蜀、吴负险不宾，朕将命六军扫荡二虏，卿意以何者为先？"

在入宫觐见之前，司马懿就曾经仔细考虑过，皇上可能会问什么问题，该怎么回答。上面这一问题，正是他重点考虑的问题之一。不过，尽管他已成竹在胸，却仍然静思一刻，然后才毕恭毕敬地回答道："微臣以为，蜀道险阻，运输艰难，诸葛亮新败之后，必将以重兵固守要隘，相比之下，伐吴易于收取成功，故应为先。吴蜀相依，如同唇齿，吴亡则蜀不能独存。吴贼以我军不娴水战，故敢越过长江，盘踞东关（今安徽省巢湖市东南）。凡攻敌方，须扼其喉而击其心；而扬州之东关与荆州之夏口（今湖北省武汉市），正是吴贼之心喉。如果以步军直扑皖城（今安徽省潜山市），引诱孙权主力从鄂城（今湖北省鄂州市）东下，援救皖城守军，另外再调集水军，乘虚由汉水顺流而下奇袭夏口，这就好比神兵从天而降，必定可以大破吴贼！"

司马懿说完，曹叡立即连连击掌称善。平心而论，司马懿对策中关于主攻方向的选择和对吴作战的建议，都不同凡响。他倒不是盲目附和曹叡这个皇帝老倌，只要把当时三国之间的军事地理实际状况略加介绍，即可明白此言之不谬。

先评主攻方向之选择。如果要说此时曹魏该不该向两个敌国之中的任何一个发动大规模军事进攻，那么答案应当是"不该"。道理很简单，此时的曹魏虽然国力不弱，但其他两国也正处于鼎盛阶段，所以曹魏还不具备吞并他国的基本条件。以蜀汉而论，当政的诸葛亮"抚百姓，示仪轨，约官职，从权制，开诚心，布公道"，把蜀国治理得政通人和，兵精粮足，你能一口吞并得了么？再以孙吴而论，四十七岁的孙权风华正茂，文有张昭、顾雍、诸葛瑾、步骘等良臣辅朝政，武有陆逊、吕范、朱然、朱桓、潘璋等强将镇疆场，君臣齐心，雄踞三州之地，你又能一口吞并得了么？这些情况，老谋深算的司马懿岂会不知？但是，年轻皇上志在开疆拓宇，该不该的问题只能闭口不谈。

单说先打哪一国，则司马懿的选择无疑是正确的。魏军若要攻蜀，首先必须翻越当时所称的南山，也就是今日的秦岭，才能进入汉中郡（治所在今陕西省汉中市）。当时，由关中越秦岭入汉中，虽有子午、傥骆、褒斜、陈仓四条谷道，却全都崎岖险阻到了极点，多以悬空栈道相连。只要有一处谷道断绝，任你貔貅百万，也将陷入前不能进、后不能退的危险境地。用兵如神的曹操，当年主动放弃汉中，把防线后撤到关陇一带，就是为了摆脱这片兵家所说的"死地"。相比之下，曹魏与孙吴的接壤地区不仅更广阔，而且也很少有这种"难于上青天"的死亡地域。一般人大多有一种误会，即以为孙吴与曹魏的边境接壤，是以长江的水道为界，其实完全不然。孙吴的北部边境线，西起三峡，东至沧海，不仅与长江平行，而且绝大部分地区，都推进到长江北岸的一二百里之处，这只要翻一下正规的中国历史地图即可明白。换言之，长江的水道并非吴魏两国的分界线，反而倒是孙吴辖境之内的东西交通主干线。由于两国的边境接壤地域，大多是距离长江北岸不远的平缓陆地，而非艰难崎岖的高山深谷，因此之故，就拥有强大骑兵军团的曹魏而言，攻吴要比攻蜀容易成功得多。前不久魏军在街亭大破蜀军，在战略上属于防御战而非进攻战。司马懿没有被此次大胜的表面现象迷惑而提出攻蜀，可见其头脑冷静，识见非凡。

再评攻吴之方略。孙吴北部边境上第一等重要的军事要塞有四处，从东向西，依次为东关、皖城、夏口、江陵（今湖北省荆州市江陵区）。前两者属扬州，后两者属荆州。东关，即今安徽省巢湖市东南的东关镇。由长江进入其北岸的支流濡须水，上溯百里，在水的东岸就是东关。从东关再上溯五十里，便进入烟波浩渺的巢湖。早在十七年前，孙吴即大力经营东关附近的濡须坞，以之为下游边防的重点，因为据有此地，进可扬帆直取淮南，退可遏止魏军水师入长江，从而藩屏其重要城池建业（今江苏省南京市）。因此，如称东关为江东锁钥，亦不为过。

皖城在今安徽省潜山县，位于东关西南三百余里。由长江进入其北岸另一条支流即皖水，上溯不到二百里，即到皖城西门之下。十四年前，孙权从曹操手中夺过皖城，并派大将吕蒙镇守经营此地。从此皖城与东关互为掎角之势，成为孙吴扼守长江下游的两大桥头堡。

当时的夏口城，在今湖北省武汉市的武昌区。夏口的对岸，就是沔水汇入长江之处，此地襟带荆湘，控御汉沔，自古称为兵家要害之地。那夏口城垒，筑在高峻的黄鹄矶上，也就是现今著名的黄鹤楼所在之处，易守难攻，是孙吴中游的一大军事重镇。夏口东距当时孙吴的首都武昌县（今湖北省鄂州市）仅二百余里，魏若得之，不仅割断了孙吴荆扬二州的水路交通联系，而且立刻威胁到孙吴首都的安全。

江陵在今湖北省的荆州市江陵区，位于夏口上游千余里。江陵北通襄阳，西连巴蜀，可谓孙吴的西大门。不过，由于江陵北面距魏吴边界还有三百里之遥，比上述三处军事重镇与边界的距离都远，而且镇守江陵的是孙吴当时的首席主将陆逊，所以曹魏要想深入敌境夺取江陵，最为困难。

弄清楚了孙吴布防的概况，再来看司马懿所提出的攻吴方略，就毫无困难了。此一方略的要旨，正好用"声东击西"四个字来形容，即以强大的陆军佯攻皖城于东，以吸引武昌孙权的水军主力东下救援。然后集中水军的精锐战舰，乘虚从沔水顺流而下突袭夏口。夏口一旦在手，下一步的文章，或向东直取武昌，或向西夹击江陵，就容易着笔了。这一方略很有新意，具体来说新意在以下三点：

第一，魏吴二国交兵，时断时续已近二十年。以往曹操或曹丕伐吴，主攻方向全都选在东南，即长江下游的淮南一线，收效都不大。现在司马懿突然把主攻方向改在正南，即长江中游的夏口，无疑可以收到孙子所说"攻其不备，出其不意"的效果。此可谓主攻方向的新。

第二，以往曹魏伐吴，又多采用硬碰硬的战法，即动辄出动数以十万计的大军，强攻淮南的东关或者皖城，气势汹汹。不知曹军的智囊团，何以会把《孙子兵法》中"凡战者，以正合，以奇胜"的精言妙道忘记了？像上述司马懿方略中这样大范围内使用声东击西、虚虚实实的战法，以往尚未见到，故可谓进攻战法的新。

第三，以往曹魏攻吴的主力兵种，一直是陆军。现在司马懿一反常规，以陆军作佯攻，以水军充当主攻，这不仅是想取得"出其不意"的效果，而且也有不让孙吴独占长江舟楫之利之意，此可谓主力兵种的新。

司马懿的一整套建议，得到了曹叡的高度赞赏。他立即向司马懿下达指令：回宛城后迅速打造战舰，组织水师，准备伐吴。司马懿心中暗自高兴，因为皇上已经把统领水军担任主攻的任务交给了自己；而承担主攻，意味着将有更多的立功机会。如果说他的"三新"方略也含有私利成分的话，那就在于此了。

司马懿当月返回宛城，调集人力、财力和物力，筹建南征舰队，搞得热火朝天。他以为自己的伐吴方略将会顺利实施并取得预期的效果，谁知却是大谬不然。

当年五月，也就是司马懿回到宛城一个月后，孙吴有两名统兵官，一名叫张婴，另一名叫王崇，率领部众越界投降曹魏。魏明帝得知消息，大为兴奋之余，突然心血来潮，做出一个重要决定：马上出动三路大军，进攻孙吴。

第一路大军由当时身居军界第一位的大司马曹休统领，率步骑十万，直取皖城。第二路大军由建威将军贾逵统领，率步骑二万，直取东关。第三路大军由骠骑将军司马懿统领，率水步军约五万，直取江陵。一时间，魏吴边境烽火频传，战云密布。

　　不难看出，魏军此番的战斗部署，表面上看，大体是按司马懿的方略进行的，对此他很感骄傲。但是，他也有很不满意的地方。按照原定方略，实施主攻者为西线的水军，目标是位于孙吴长江防线中部的夏口。而打造战舰，训练水师，起码需要一年时间。现今着手备战才一个多月，造好的战舰寥寥无几。由于水军不足，所以曹叡把司马懿的攻击目标，改成西端的江陵，所属兵种亦以步骑为主。这样一来，至少就把原来方略中的"三新"去掉了一个"新"了。

　　但是，让司马懿很不满意的事，后面还有呢。

　　在司马懿杀奔江陵的半路上，他突然接到魏明帝的一纸诏书，命令他立即停止前进，率军返回宛城。他开始是大惑不解，待到弄清楚事情的原委之后，他真是有点哭笑不得。

　　原来，这时指挥第一路大军的大司马曹休，给魏明帝上了一道表章，说是孙吴治下扬州鄱阳郡（今江西省鄱阳县）的太守周鲂，多次与自己暗中联系，要求魏朝派兵接应，以便里应外合，夹攻孙吴的首都武昌。曹休请魏明帝批准自己深入吴境，接应周鲂，捣敌腹心。接到报告，曹叡又一次心血来潮，他也不去查实此事的可信程度究竟如何，就急急忙忙改变了全局的战略部署。他命令进攻东关的贾逵，立即回头向西与曹休会合，两军合一，取道皖城南下，深入敌境接应周鲂。西面的司马懿军，则取消行动计划，返回原驻地待命。这样一改，主攻方向又回到东南方的长江下游，进攻战法也不再是声东击西，而是孤军深入，完全是过去进攻孙吴战法的老调重弹，司马懿辛辛苦苦构思出来的全新伐吴方略，真真是"三新"不存，面目全非了。

不过，司马懿虽然对此举大不以为然，表面上却毫无不满之言。绝顶精明的他，已经清楚地看出了此事发生的背后玄机：首先是曹休心高气傲，不愿在伐吴大战中只担任佯攻东南的配角；其次是皇上对同姓的宗室元老，过分宠任迁就。处在这样一种微妙的境地，司马懿当然知道该怎么办。于是，他非常愉快地接受命令，率军回转宛城。说他"非常愉快"，也并非虚言。他已经预感到，此次曹休很有可能要吃大亏。且不说吴将周鲂的投降是否有诈，就是无诈，孤军深入敌境又能占多大的便宜啊？我不参战，今后也就不承担责任。你身居军界之首的曹休倒了大霉，对我来说未尝不是好事，我又何必对自己的方略得不到实施而耿耿于怀呢？带着这种轻松超然的心态，司马懿一路走马踏花，径回宛城休整去也。

这年八月，曹休兵马越界进入吴境，才发现吴将周鲂果然是诈降。曹大司马自觉脸上无光，又仗恃兵马众多，干脆来一个将错就错，强行向南掩杀过去。孙吴方面唯恐对方不上钩，如今一见曹休十万大军冒险深入，不禁大喜过望。吴主孙权，当即调集六万精锐之师，由大都督陆逊全权指挥，在皖城一线迎击来犯之敌。孙权本人，也亲自赶往皖水进入长江处的皖口（今安徽省安庆市）督战。那陆逊是一位在智略方面出类拔萃的杰出将帅，连戎马半生的老江湖刘备都败在他的手下，志虑短浅的曹休就更非他的对手了。他先在皖城东北五十里处的石亭（今安徽省潜山市东北），以逸待劳，用三路重兵夜袭曹营，然后又在石亭东北一百余里处的夹石，伏击狼狈撤退的敌军。这一战，杀得曹休大败亏输，损兵折将数以万计，上万车辆所载运的兵器、铠甲、粮食、衣物等，全部成为吴军的战利品。要不是贾逵及时赶来援救，曹休本人也断难逃脱性命。此役是魏吴二国淮南鏖兵十余年来，曹魏方面失败最惨、受损最大的一次。消息传来宛城之际，司马懿正在骠骑将军府的后园小酌。他听完军情报告，品了品樽中的美酒，望了望中天的明月，嗅了嗅桂子的清香，只说了一句话："今夜真好月色也！"

一个月后，惭愧而又气愤不已的曹休，背上突然生长出大痈疮而死。

一年半后，大将军曹真升任大司马，成为军界首席人物。骠骑将军司马懿连升两级，就任大将军，列名军界第二。这正是：

卖力曹休羞愤死，旁观司马却高升。

要想知道司马懿此后在曹魏军界，还会有哪些意料不到的变化，请看下文分解。

第八章

西上长安

　　曹休大败于淮南，司马懿的声望无形中得到进一步的提高。因此之故，他在魏明帝太和四年（230 年）的上半年，差一点又重新入朝执掌中央的枢机。

　　这年的初春，戍守河北的镇北将军吴质应召到京，改任侍中之职。侍中者，侍从皇帝于宫禁之中也。故而凡任此官者都与皇帝过从甚密，在皇帝面前很有发言权。这位吴质，上面曾经提到过。他与司马懿、陈群、朱铄，是当年太子曹丕门下的"四友"，好比后世所说的"四大金刚"。曹丕当了皇帝，四人都飞黄腾达，仕途通显。这四人彼此关系都很亲密，但是就吴质而言，他与司马懿的交往，又比与陈、朱二人的交往更深，所以后来两家成为儿女亲家。吴质当了侍中，一心想把亲家司马懿弄回京都执掌朝政。当此之时，执掌朝政者，名义上是司空兼录尚书台事陈群。陈群才具平庸，政治上确实也是少有建树。吴质遂以"辅弼大臣，安危之本"为由，向魏明帝大力推举司马懿，他说："骠骑将军司马懿，忠智兼备，处事公正，真可谓社稷之臣。而陈群乃文雅从容之士，非当国宰相之才，虽处重任却不亲政事。愿陛下三思。"

吴质批评陈群既非国相之才且又不理政事，这究竟是完全出自他自己的心意，还是与司马懿有某种默契，已经不得而知。不过，有一点是肯定的，即魏明帝颇以吴质的话为然。他不仅在第二天就下诏责备陈群办事不力，而且立即就征召司马懿还朝秉政的问题，暗中向少数心腹征询意见。

征询意见的结果，对司马懿颇为不利，这从魏明帝与尚书令陈矫的谈话即可窥见一斑。陈矫，字季弼，乃徐州广陵郡东阳县（今江苏省金湖县西南）人氏。其人历事曹操、曹丕和曹叡，算是曹魏的三世老臣。他不仅忠于曹氏，而且性情耿直敢言。当曹叡问他："司马公忠正，可谓社稷之臣乎？"

陈矫立即答道："司马公可谓朝廷之望；至于社稷之臣，就是未可知之事了！"

此处所谓的"社稷之臣"，语出儒家经典《礼记》的《檀弓篇》，是指忠于君主，安定国家的重臣。其反面，自然就是怀有异心，不利国家的权臣。不难看出，曹叡的问话，其措辞正是从吴质的建议中抽取的。陈矫认为司马懿只是本朝最有威望的大臣，至于说是不是最忠贞的社稷之臣就很难说了，可见他的看法与吴质完全不同。魏明帝时大力强化君权，曹操亲自培养的一批老臣也还没有完全退出政界，在这种情况下，陈矫之论的发出便非偶然，说不定这还是某一些人的共同看法。再说身为尚书令的陈矫，恐怕也未必会喜欢精明老辣如司马公者，回来当总领尚书台的"录尚书台事"罢。史称陈矫任尚书令时，有一次魏明帝想突击检查尚书台的工作。陈矫跪在府门挡住车驾，说道："领导尚书台乃是微臣的职分，不是陛下应当代替的。如果微臣不称其职，请陛下罢免我好了。陛下请回去罢。"曹叡有些惭愧，便回车离去。倔强如此之人，当然喜欢柔弱的陈群来当录尚书台事。而陈群的"不亲政事"，即不大亲自过问尚书台的军政机要事务，看来也事出有因。

结果，司马懿入朝秉政之事被暂时搁置了起来。一个月后，作为一种弥补，魏明帝曹叡就下诏提升司马懿为大将军。

洛阳没有能回去，不久司马懿却被调往长安，从而让他和蜀汉丞相诸葛亮一起，在历史的大舞台上合演了有声有色的一幕。此事的始末如何，还得一一说来。

太和四年（230年）的二月，也就是已故大司马曹休石亭大败一年半之后，曹魏军队的元气恢复，魏明帝开拓疆宇之心又萌动起来。于是，他把坐镇长安的曹真召到京师，委以大司马的最高军职，然后向曹真垂询对外用兵的方针。

曹真马上进献了一个大举进攻蜀汉的建议，他说："蜀人连年入寇，侵我边境，应当施以惩罚。如果大举攻伐，数道并入，就可以建立大功！"

西部战区的军事长官，主张在西面大动干戈，这是不难理解之事。知道皇上急于收功边外，所以投其所好，这也很自然。但是，除此之外，曹真想在西面大干一番，其头脑中也有为曹氏将领洗刷石亭大战失败耻辱的动机。不过，既然有心大动干戈，那就要认真设计一整套战略。而从曹真所提出的建议来看，只有"数道并入"这简简单单的四个字。因此，曹真要想建立大功，希望就很渺茫了。

伐蜀是一件大事，所以曹叡尽管心中已跃跃欲试，在形式上还得与执掌朝政的陈群商议一番。

　　陈群这一次的表现，与平常的唯唯诺诺截然不同。他很明确地表示反对大举伐蜀，理由只有一条：主力军团要经过的南山褒斜道，极为崎岖险阻，军粮转运既困难，发生紧急情况时又不易退却，弄不好将会产生严重后果。曹叡听了，心中不免动摇。曹真得知消息，连忙上表一通，说是主力军团可以改走比较平坦的子午道进入汉中。陈群认为这也相当危险，但是曹叡不再听他的唠叨，于当年的七月间，断然下令大举进攻蜀汉！

　　攻蜀行动完全按曹真提出的"数道并入"方针行事。主攻军团由大司马曹真亲自率领，由子午道穿越南山，即今秦岭，直扑汉中。配合主力军团行动，并且预定在汉中郡的首府南郑（今陕西省汉中市）会合的其他军团，或沿汉水西上，或由褒斜道南下，或由武都郡（治所在今甘肃省成县东北）东进。而从荆州沿汉水西上这一支强大的副攻军团，其统帅即是大将军司马懿。

　　当朝廷的调兵命令与虎符送达宛城的时候，司马懿正忙着给二儿子司马昭预定亲事。他的大儿子司马师，已经娶妻有年。大儿媳妇出身名门，其父乃魏文帝曹丕的宠臣征南大将军夏侯尚，其母即曹真之胞妹德阳公主。不过，其出身虽然高贵，命中却注定无儿，过门之后连连生女。

司马懿担心后嗣的昌盛问题，赶忙又给刚满二十岁的次子司马昭张罗婚事。对象已经有了，即是司徒王朗十四岁的孙女王元姬。王元姬之父王肃，时任散骑常侍。这个徐州东海郡郯县（今山东省郯城县）的王氏，在汉魏之际是有名的经学世家。王元姬虽为女流，自幼却受到严格的儒学教育，完全当得起"知书识礼"四个字。家庭的地位声誉，对象本人的品德才学，司马懿都觉得无可挑剔，便把亲事定了下来。就在积极筹备婚礼之际，他接到了立即出兵伐蜀的命令。

一向喜怒不露于形色的司马懿，此刻也差一点控制不住自己的不满情绪了。他倒不在乎儿子的婚事受到干扰，因为婚家已经确定，自己不在现场，婚礼也可如期进行。他不满意的地方在于，伐蜀这样的用兵大事，事前既未与身任大将军的自己通气商量，现在又要自己去给曹真这个庸才去当配角，未免太过分了罢。但是，剧烈的不满情绪，终究敌不过他那强劲的控制力，不久司马懿即冷静下来。他想，前年曹休一意孤行，最后落得身败名裂，让自己白捡了不少便宜；眼下的曹真，又要一意孤行，说不定这对自己又是一场好事呢？当下他即传令各营：三天之后开拔，溯汉水西上，进取汉中！

出兵的时间是在初秋的七月，从史籍所载的情况来看，司马懿挥兵西进的行动相当积极主动，说他"自西城斫山开道，水陆并进，溯沔而上"。但是，仔细一分析，就可发现其中大有问题。第一点，位于汉水（即沔水）北岸之滨的西城县（今陕西省安康市西），是曹魏荆州魏兴郡的郡治，也是荆州最西面的军事要塞。由此西进汉中，有一条现成的水路即汉水可通，又何须兴师动众去"斫山开道"啊？第二点，从西城沿汉水上溯，西行不到三百里，即与子午道的南端相会，再西行三百里便是有名的赤坂（在今陕西省洋县）。赤坂在汉中首府南郑县以东一百余里，为汉中东面的军事要冲，蜀汉丞相诸葛亮当时正驻守赤坂，恭候魏军的光临。但是，从司马懿出兵的七月起，到他奉命撤军的九月止，将近两个月的时间里，他的兵马一直未曾抵达诸葛丞相的帐前，更无交锋的记载。也就是说，近两个月的时间里，他向西推进的距离还不到六百里，平均每天才十里左右，这与他当年进攻上庸时，八天推进一千二百里相比，是不是太缓慢了一点呢？

司马懿在东路逍逍遥遥、从从容容向前进，北路的曹真倒是真真正正、确确实实遇到了大麻烦。原来，那子午道乃是一条贯穿秦岭南北的谷道，岩高谷深，云栈相连，平常行走亦很困难。曹真的千军万马刚一进入谷道的北口，就碰上了连下三十余天的大霖雨，山洪暴发，把子午谷沿途的栈道冲得七零八落。曹真命令将士冒雨抢修道路，走走停停，停停走走，一个多月过去，好不容易才走了两百里路程，恰恰是子午道全长的一半。曹大司马心急火冒，曹军将士身疲意沮，还未与敌人接触，这军心就先散了。

此时，魏明帝曹叡倒很自在。他离开洛阳东游，先登了中岳嵩高山（即今河南省嵩山），然后又到繁昌县（今河南省许昌市繁城镇），看了父亲当年举行代汉称帝仪式的受禅坛，最后在许昌行宫住下来消暑。但是，他的暑消得并不清静，因为群臣纷纷上疏，陈述伐蜀之弊。先后上言者，有太尉华歆、司空陈群、少府卿杨阜、散骑常侍王肃、中书令孙资等一帮大员。一封封奏疏，令曹叡颇有目不暇接之感。更令他不安的还是前方传来的军情报告：由于持续大雨，各军后部辎重车辆所载运的粮食开始腐烂，而前部将士却因道路毁坏而断绝了补给；与此同时，蜀汉的骠骑将军李严，又率领二万精兵抵达汉中，敌军力量大为增强，而且占有以逸待劳的优势。至此，曹叡这个曾经雄心勃勃的天子，终于承认自己拗不过上天，只得下诏传令各军班师回朝。

秋冬之交，大司马曹真回到了长安。在疲惫、惭愧、愤懑的共同煎熬下，他不久就病倒了。魏明帝闻讯，急忙把他接回京城洛阳医治，又亲自到曹真的府邸探望。皇帝的厚爱，不但没有减轻曹真的病势，反而加重了他的心理负担，他更加觉得自己对不起皇上。这样一来，他的病势也就更加危殆了。

曹魏伐蜀不成，反而受到蜀汉的反攻。太和五年（231年）二月，蜀汉丞相诸葛亮率领大军二出祁山，祁山魏军陷入重围。此时，曹真偃卧病榻，西部战区群龙无首，魏明帝急召司马懿入朝，亲自吩咐道："西方事重，非君莫可托付者。"于是改授司马懿为都督雍、凉二州诸军事，也就是西部战区的军事长官，统领关陇兵马抵御蜀军。受命之后的次日，司马懿即离开洛阳，日夜兼程，西上长安。

仲春时节，洛阳至长安的近千里大道两旁，山花烂漫，芳草萋萋，风光可人。司马懿坐在一辆飞速行驶的追锋车上，目光凝视着远方的隐隐青山，心中却在不停地思考如何对付蜀军的方略。

从纯粹的军事上说，司马懿知道应当采取固守不战的策略，因为蜀军越岭翻山，远道而来，不可能携带足够的军粮，最多最多支持一个月而已。如果自己敛兵守险，拒而不战，敌军粮尽，自会引退，这不正符合《孙子兵法》之《谋攻篇》所言的"不战而屈人之兵，善之善者也"么？

但是，他又不能不考虑某些非军事的因素，这些因素要求他马上在对蜀战争中露一手，打一两个漂亮仗。首先，皇上特地召唤他入朝，当面委以西方之任，期望殷殷然，此去若无斩无获，恐怕不大好交代罢。还有更为重要的一点，即是他急需在西部战区的将领中树立威望。司马懿出屯宛城将近五年，南部战区的将领们都是他一手栽培的老部下，所以指挥如意，得心应手。而西部战区则不然，这里乃是曹真的势力范围，司马懿单身赴任，要想统兵诸将老老实实听从自己的指挥，总得亮出一两手高招才能使得人心佩服嘛。特别需要指出的是，这西部战区的主要将领，个个都是驰骋沙场的好角色。而其中最为杰出也最有威信者，即是车骑将军张郃。

张郃字儁乂，乃冀州河间郡鄚县（今河北省雄县南）人氏。蜀汉有所谓的"五虎上将"，即关羽、张飞、马超、黄忠和赵云。曹魏的异姓将领之中，也有"五虎上将"，就是张辽、乐进、于禁、张郃和徐晃。张郃为将不仅勇冠三军，而且善识机变，熟悉地理，料敌如神。他自建安二十年（215年）随曹操攻取汉中起，就几乎一直在西部战区与蜀汉军队交锋，十六年来，张郃不仅积累起极其丰富的对蜀作战经验，而且屡建奇功，名闻遐迩。例如，诸葛亮第一次北伐，率大军初出祁山，"戎阵整齐，关中响震"。张郃自陈仓（今陕西省宝鸡市东）西进迎击敌军，在街亭（在今甘肃省天水市东南）一战，大破蜀军先锋马谡，迫使诸葛亮全军撤退。当年冬天，诸葛亮第二次北伐。这时，他又取道散关（在今陕西省宝鸡市南），领兵昼夜南下偷袭南郑，迫使诸葛亮退回大本营汉中。由于战功显赫，张郃很快升任车骑将军的高级军职，成为西部战区实际上的主将，比大司马曹真的威信还要略高一筹。在这种情况下，司马懿如果坚持不与敌战，又会不会受到张郃的耻笑和反对呢？

司马懿还没有最后拿定主意，忽然，视野中出现了烟柳簇拥的灞桥（在今陕西省西安市东），他才意识到：西都长安已经到了！这正是：

关中此去统兵马，且看如何敌孔明。

要想知道司马懿到了长安，将采取何种战略应对蜀军，他与名将张郃又会发生哪些不为人知的故事，请看下文分解。

第九章

木门折将

在长安，司马懿受到了西部战区主要将领们颇有节制的欢迎。他略事休息之后，即在都督府召开了紧急军事会议。

参加会议的有车骑将军张郃、后将军费曜、征蜀护军戴陵、雍州刺史郭淮、大将军府军师杜袭、督军薛悌、将军牛金、贾栩、魏平等一大批战将。在会议上，司马懿听取了各军将领的军情汇报，然后命令各军立刻向西开拔。至于这一仗究竟怎么打，司马懿没有能拿出周密完整的方略，他只是派费曜、戴陵率领各自兵马先行，抢占祁山（今甘肃省礼县东北）东北一百里处的上邽县城（今甘肃省天水市），得手之后留兵四千据守上邽，其余兵力则驰援祁山被围的守军。很明显，这仅仅是临时救急性的措施。

费、戴二将领命之后，当天即轻装西上，直奔上邽。其余的主力部队，在司马懿的统领下，也很快离开了长安。一时间，长安通往陇上的路上，车辚辚，马萧萧，杀气弥漫，征尘飞扬，把阳光三月的祥和风光破坏无余。

大军沿着渭水北岸向西疾进，平均每天约行军上百里。三天之后，抵达郿县（今陕西省眉县）；五天之后，抵达雍县（今陕西省宝鸡市凤翔区南）；六天之后，抵达陯麋县（今陕西省千阳县）。在陯麋休整的间隙，车骑将军张郃终于忍不住要发表意见了，他对司马懿建议道："陯麋西至祁山，不过四百余里，距敌已近。兵者危事，愚意以为当分兵留镇郿、雍二县城池，以防不测！"

张郃的担心是有道理的。前面已经说过，由汉中穿越秦岭进入关中，当时有四条道路，由东向西依次为子午道、傥骆道、褒斜道和陈仓故道。那褒斜道的北口，正好在郿县与雍县之间。褒斜道是蜀军常用的通道，诸葛亮第一次北伐，即派赵云由此佯攻郿县而自率主力西出祁山。如今关中魏军悉数西进，万一蜀汉出奇兵由褒斜道偷袭后方，那不是危险得很吗？

　　但是，司马懿不同意，他有他的理由。

　　他答道："如果分兵之后前部兵力能够抵抗敌军，那么将军之言是正确的；如果兵力不足却要分为前后两部，这就像当初的楚分三军而被黥布攻破一样，乃是自取败亡之道！"

　　黥布，本是汉高祖手下的功臣。刘邦得天下后，他举兵反抗，进攻楚郡（治所在今江苏省徐州市）。楚郡的军队指挥官把兵马一分为三，以求相互支援。不料分开后的队伍兵力单薄，黥布毫不费力即攻破其中一军，其余二军亦望风而逃。这种战例，在当时的兵法中有四个字的总结，叫作"兵势恶离"。恶者，厌恶、忌讳之意也；离者，分散、分离之意也。

　　各有道理，下级当然只能服从上级。于是，全军继续向西开拔。其实，张郃提出分兵的建议，多少也有测试新主帅胆量的意思，也就是说，看你敢不敢分兵之后，以较少的兵力迎战来犯之敌。司马懿的想法却全然不同。他在到达隃糜之前已经得到报告，说是大司马曹真刚刚病逝在洛阳。在那一刻，他清楚地意识到，自己已然是全国二十余万水陆大军的首脑了。好不容易熬到军界天字第一号人物的地位，他凭什么要分兵迎敌去冒大风险呢？司马懿此时不仅不同意分兵，而且也打定主意，此去祁山主要采取守而不战、待敌自退的方针，以策万全，哪怕你们在心中讥笑我胆怯也无所谓了。

这东面的魏军主力向着四百里外的上邽西上，那西面的蜀军主力也在向一百里外的上邽东下。双方急急忙忙赶赴上邽究竟为何？此中有一个关乎全局的重要原因。

原来，这上邽即现今甘肃省的天水市。其地处于渭水南岸，平坦肥沃，灌溉便利，可谓陇上的鱼米之乡。当时，上邽一带的小麦即将成熟，极目远眺，望中但见一片金黄。蜀军远来，粮食不多，一心正想抢收上邽之麦以为军资。所以诸葛亮一听说司马懿的大军西进，马上做出决定：留少部分兵力继续围攻祁山，其余的主力军团由自己统领，驰赴上邽，抢在司马懿到达之前收割小麦，越多越好。就在诸葛亮前往上邽途中，魏军前锋费曜、郭淮二将企图拦截，被蜀军击退。蜀军一抵达上邽，便放下战刀，拿起麦镰，大割特割起新麦来。消息传到司马懿耳中，他不由得一惊，立即命令全军卷甲轻装，昼夜兼程，直奔上邽。结果，在蜀军动手割麦两天之后，魏军主力也赶到了。

司马懿在上邽以东三十里处扎寨安营，此处位于秦岭支脉小陇山的西麓，地势较高，易于固守。安营甫毕，立阵于西面平原上的蜀军便来挑战。任你百般辱骂，司马懿始终固守不出。但是，一旦蜀军开始收麦，他就派轻骑兵奔下山去袭击骚扰。如此僵持相近一月，蜀军进不得战，退又不得安心抢收新麦，军粮渐少不说，敌军从长安来增援者亦日渐加多。诸葛亮见形势不利，遂果断下令撤军。

蜀军主力取道祁山以东三十里处的卤城（在今甘肃省礼县东北），向汉中方向撤退。由于祁山至今尚未攻克，避开祁山南撤是很自然的。蜀军一开始南撤，司马懿就准备传令追赶，不料张郃又站出来劝阻，他说："蜀军远来挑衅，求战不得，必定认为我军利在固守，准备以持久战制服之。现今祁山已经知道大军在近，军心稳固，不需急往救援。因此，我军主力应当留屯上邽作后镇，同时分遣奇兵偷袭敌军后路，决不能以主力进前穷追，而追上之后又不敢与之交战，令老百姓失望不已。再说诸葛亮远来粮尽，也一定是要退走的呀！"

张郃的意思是说，蜀军粮尽必走，而且已经形成我军不会与之交战的错觉，所以我军主力应留原地不动，以继续麻痹敌人，同时悄悄用奇兵抄截敌后，出其不意，必有斩获，可以大壮声威；如果动员大军追赶，敌军即有戒备，到时候对方横下心来，回头找我们决一死战，我们又不敢交兵，毫无所获不说，也未免有损军威，令人失望。

　　张郃的意见无疑是正确的。如果说分兵雍、郿还有试探新主帅胆量之意的话，那么留驻主力，分遣奇兵的建议，就纯然是为司马懿好了。但是，这个主意既然由张郃设计出来，司马懿便碍难接受，尽管他内心也认为此言有理。于是，数万魏军主力，紧跟数万蜀军主力的脚印，也来到了卤城之下。

　　果然不出张郃所料。诸葛亮见司马懿悉军来追，干脆就在卤城停止脚步不走了。一见蜀军在卤城的南山和北山上安营扎寨，司马懿也赶忙传令就地登山扎寨安营。不久，蜀军骁将征西大将军魏延，即率帐下五千健儿前来挑战，魏军龟缩不出。蜀军进而在魏军营地四周构筑长围，甚至挖断魏军的水源，挑衅万端，善于隐忍的司马懿始终不准出战。有言在先的张郃，此时当然气愤得很，但是他自知地位不同，所以只能把不满藏在心头。其余一些性情暴烈的将领就没有这么好的涵养了，例如将军贾栩、魏平一再请战不成，当场即对司马懿口吐怨言道："明公畏蜀人如猛虎，难道不怕天下人耻笑么！"

　　堂堂魏朝大将军司马懿，以往何曾受过这种不逊之言？他的隐忍功夫再好，此时此刻也有些忍受不住。恰好麾下诸将不约而同又都来请战，司马懿把牙一咬，好，出战就出战，让你们去试试看，他马上做出战斗部署。

次日，也就是五月初十日辛巳，魏军兵分两路，向蜀军发起进攻。一路偏师由车骑将军张郃率领，沿西汉水上溯三十里，从南面偷袭围攻祁山蜀军的后背。其余诸将由大将军司马懿指挥，从正面进攻蜀军主帅诸葛亮的大营。于是，一场恶战在祁山与卤城之间展开。两军战鼓雷鸣，杀声震天，从清晨战至黄昏，直杀得巍巍山前尸遍地，滔滔江上血流红。

傍晚鸣金收兵，魏军两路进攻均未获得预期效果。

奔袭祁山南面的偏师，碰上了蜀汉的一员名将王平。王平，字子均，乃益州巴西郡宕渠县（今四川省渠县）人氏。他幼时曾寄养于外祖父何氏之家，故而又叫何平。王平久经沙场，治军严整，是蜀汉将领中的后起之秀。街亭之役，他属马谡指挥，事先他就力劝马谡不要舍水上山结营，结果大败；事后王平又收合蜀汉败兵，保持阵形大体不乱，由此特受诸葛亮的赏拔，升任讨寇将军，统领蜀军的精锐"五营兵"。张郃统兵来攻，早有准备的王平据垒列阵，坚守不动。夕阳西下之时，张郃兵马精疲力竭，却不得前进一步，只好回转大营。

比起无功而返的偏师来，司马懿指挥的主力军团，战果更令人沮丧。诸将不仅没有能冲破诸葛亮的中军阵地，反而被蜀军大将魏延、高翔、吴班等部击败，损失惨重。此役总计死亡魏军甲士三千人，丢失铠甲五千领、角弩三千一百张，这是自三月交兵以来，魏军受创最重的一次。遭此惨败之后，魏军锐气全无，诸将也不再言战，数万人马登高保营，闭门不出。

主帅司马懿独坐于大帐之内，神色如常，唯言语寡少而已。吃了大败仗，固然令人丧气，但是他并不灰心。一是多年的人事磨炼，使他养成了一种坚忍不拔的性格，他不会为暂时的挫折一蹶不振，也不会为暂时的胜利忘乎其形。二是他认为吃败仗或许是一件好事，可以统一诸将的思想认识。诸君不是讥笑老夫"畏蜀如虎"么？你们打"虎"成绩又如何？这一下总该老老实实听老夫的指挥了罢。还有一点他心中有数：蜀军粮草将尽，必走无疑，自己虽然败了一阵，元气并未大伤，只要再固守数日，必可转危为安，因为不久前自己已将上邽的新麦大部收割，足够全军支持一月以上。司马懿之所以能镇定不惊，主要原因即在于此。

眼前的数万敌军他不甚担忧，倒是自己的一员大将令他一想就觉得难受，此人非他，即是车骑将军张郃。张郃果然不凡，智勇兼备，特别是在对付蜀军上具有丰富的经验。当初若依他的第二次建议，情况当然不会像现今这般狼狈。出兵迎战失败数日来，张郃在将士中的威信陡增。

有人甚至暗中议论，说是按张将军的名位、功绩和声望，出任西部战区的军事长官不是正合适么？此次交兵如果是由张将军来指挥，何至于一败涂地呢？这些议论，像一支支钢针在刺痛司马懿的心，使他天性中所蕴含的残忍成分急剧活跃起来。他不能允许他人影响自己的政治前途，他要采取相应的措施。

不久，进入炎夏六月，秦岭山区又开始出现持续的大霖雨。蜀军的汉中粮道因雨阻绝，军需不继，诸葛亮遂下令全线撤军。首先是围攻祁山的蜀军解围东撤，与卤城的主力军团会合，然后全军经由卤城以东的木门道（在今甘肃省礼县东北），向南撤往蜀汉益州所辖的武都郡郡治下辨城（今甘肃省成县西北）。司马懿站在大营高处，凝望着那在霖雨中整整齐齐依次后撤的敌军，心中既有敬畏之感，同时又生出一个不免恶毒的主意。

霖雨暂止之时，司马懿忽然传下命令：车骑将军张郃，率本部兵马一万，趁势追击敌军后部，不得有误！军令下达，张郃大感意外。应不应当穷追敌寇，尚属一个疑问；就是有追击的必要，也不该派自己出马，难道曹魏的车骑将军就不值钱了么？于是，他立即对司马懿说道："按照兵法，围城必开出路，主动撤退之敌军不可穷追，请明公三思！"

司马懿的脸色陡然严峻非常，他厉声言道："张将军难道想拒绝执行军令么？"

事情提高到执不执行军令的高度来认识，张郃虽然勇冠三军，也不敢再开口了。司马懿敢拿张郃开刀吗？是的，司马懿敢，他确实有这样的权力！

原来，魏晋南北朝时期包括三国，统兵将领所享有的诛杀威权，其高低可分为四等：

最低一等是"假节"，交战时可杀犯军令之普通人。"假"字的意思是暂时持有。而所谓的"节"，乃是一种显示朝廷授予特殊的威权或使命的器物，使用竹管和牦牛尾制成，呈棍杖形，可以握持在接受者手中。

次高一等是"持节"，平时可杀无官位之普通人，交战时可杀品级在二千石以下的官员。

再高一等是"使持节"，平时亦可杀二千石以下的官员。

最高一等是"假黄钺"，"假"字之意也同样是暂时持有。黄钺，是用黄金进行装饰的大斧，本为皇帝的特殊仪杖之一，故而被授予"假黄钺"者，即表示是代替天子出征，具有此威权者可以杀节将。所谓"节将"，即拥有"假节""持节"或"使持节"三种威权的大将。车骑将军张郃，当时属于"假节"一等。而大将军司马懿，却是"假黄钺"一等，你说司马懿敢不敢拿张郃开刀呢？当然敢呀！

俗话说："官高一等压死人。"而诛杀威权高过三等，更是压死人。胳膊扭不过大腿，张郃只得点起本部兵马，直奔木门道而去。不想这位名震关陇的沙场老将，这一去便送了命。

那木门道本是一条南北走向的小河谷。据郦道元《水经注》记载，木门水从南向北，蜿蜒流入籍水，再汇入渭水上游。而这木门道沿木门水通向武都郡，两侧山势陡峻，是埋设伏兵的好地方。诸葛亮在事先即已吩咐断后的老将王平，从下属的精锐当中，挑选弓弩手三千人，设置十矢连弩数百张，在此潜伏，专候魏军追兵的光临。

这蜀汉的十矢连弩，可真是当时蜀军一种威力强大的战斗利器，其发明者即是大名鼎鼎的蜀汉丞相诸葛亮。史称诸葛公长于巧思，曾"损益连弩，谓之元戎，以铁为矢，矢长八寸，一弩十矢俱发"。元戎者，即元帅之意。这种弓中元帅1964年曾在四川省成都市的郫县有出土，上有铭文，说明开弓拉力强至"十石"，约合今五百余斤。汉代常用之强弩，拉力最多不过"六石"，射程亦可达260米左右。这十石元戎的射程，必在400米之外，且为十矢齐发，足令敌人心惊胆寒。数百张十石元戎在木门道两旁候驾，就是十个张郃也难逃一死了。

雨过暂晴，千山苍翠。张郃领兵刚一进木门谷道，一直心情烦乱不堪的他，忽然察觉这是一处险地。他正要打马回身，可惜已经迟了。只听得三通战鼓响，两侧山上顿时射来一场猛烈的箭雨。一支锋利无比的利箭，不偏不倚，正好射断张郃右腿上的大动脉血管，鲜血顿时喷流如注。曹魏的车骑将军，须臾便气绝身亡。

司马懿初镇长安的第一战，就以张郃之死而告终结。这正是：

初镇长安遭挫折，军中虎将命归西。

要想知道司马懿经受此番挫折之后，将会如何面对部下的官兵，又会如何应对眼前的劲敌，请看下文分解。

第十章

渭南对垒

　　卤城败绩和木门折将，固然令魏明帝失望之至，但是他并未追究司马懿的责任。道理很简单，不能追究，也追究不了。从不能追究来说，蜀军虽退，必将再来，大敌当前，最忌易帅。而作为西部战区的军事长官，不论从地位、资历、声望或才干来看，都无人能代替司马懿。当初军界的三鼎足，曹休与曹真相继谢世，只余下司马懿独柱擎天，总不能因小挫衄而自坏长城罢。再说司马懿是军界元老，树大根深，恐怕也追究不出什么名堂来。在政治上日趋成熟的曹叡，经过一番考虑，不仅没有追究责任，反而派遣特使携带大批慰问品到前线劳军，又增加司马懿侯爵的封邑，就好像是魏军打了大胜仗一般。

皇上的宽容与恩宠，令五十三岁的司马懿真正被感动了。他东望洛都，心中默默自誓：一定全力经营关陇，使皇上无西顾之忧！于是，他抖擞精神，开始制订新的备战方案。

备战的第一步是要准确预测敌情，否则就不能做到有针对性。在对诸葛亮以往四次出兵情况进行比较分析之后，司马懿得出两点结论。

第一，下一次蜀军的主攻方向，很可能在陈仓以东的关中，而不在陈仓以西的陇右。因为前四次蜀汉出兵，第一与第四次攻祁山，第二次攻陈仓，第三次攻武都和阴平，都偏向陇右。从陇右出兵，蜀军必须进攻如祁山、陈仓那样的坚固城池，而攻坚战耗费时日，军粮供应即成问题。前四次蜀军的攻势，都因军粮不继而瓦解。反观关中平原，丰沃多谷，对蜀军的吸引力很大，所以其很可能为此改变主攻方向。

第二，下一次蜀军的进攻时间，很可能在三年以后。从前四次蜀军出兵时间来看，多则隔两年，少则隔半载，都很仓促。时间仓促，则难以积聚足够的军粮，出兵之后也难以持久。为了实现全力一搏，从必须积蓄足够多的粮食来判断，蜀军将在三年后出兵无疑。

根据以上两点结论，司马懿开始制订和实施自己新的备战方案。他的方案要点，可以用"两个方向，两种东西"这八个字来概括。

所谓"两个方向"，是指备战时要兼顾关中和陇右。蜀军很可能进军东面的关中，必须严加戒备，但西面的陇右是其熟路，也不能不防。

所谓"两种东西"，一是粮食，二是武器。与蜀军初次交手之后，司马懿已经深刻认识到：对蜀作战只能采取持久战，而持久战的实质乃是比谁的粮食多，所以备战诸事，积谷为大。另外，蜀军武器之精良，也令他吃惊，他决心在这一方面有所加强，以求与蜀军相抗衡。

具体来说，首先在关中方向，司马懿调集大量人力，疏通扩修了渭河平原上长达四百里的成国渠，又在临晋县（今陕西省大荔县）一带新修大型水库。如此大兴水利，实质也就是在大抓粮食。同时，他奏请朝廷批准，在长安一带建立官方监督办理的冶金工场，大批生产军用兵器。

其次，在陇右方向，司马懿从中原的冀州（主要地域在今河北省），迁移过来大批善于耕作的农民，让他们在上邦一带屯田积谷。至于武器制作，则在上邦附近的天水、南安两郡（治所分别在今甘肃省甘谷县东、陇西县），建立官方监督办理的冶金工场来解决。

就在司马懿全力备战搞得热火朝天之时，比他仅仅小两岁的诸葛亮，同样也没有闲着。他在汉中沔水之滨的黄沙（在今陕西省勉县东）一带，进行"休士劝农"和"教兵讲武"，即组织军队，进行农业生产和实战训练。与此同时，还抓紧时间赶造大批运输粮食和物资的新式工具，即著名的"木牛"和"流马"，以备日后运输军粮。如果当时有人能够从秦岭之巅俯瞰五百里开外，即可看到北麓渭水之滨的魏军，南麓沔水之滨的蜀军，隔着一座秦岭，分别在进行热火朝天的备战竞赛，其情景是何等的壮观！

魏明帝青龙二年（234年）初夏四月，恰好是卤城交兵三年之后，诸葛亮第五次北伐果然开始了！他对此次北伐做了充分准备，并且寄予极大的希望。在行军路线上，他也果然选择了直通关中平原的褒斜道。他预先在全长四百七十里的褒斜道沿途，修建了许多粮食转运站，真正做到了"兵马未动，粮草先行"。这种粮食转运站，当时史书称之为"邸阁"。

在兵力配备上，诸葛亮出动了十万大军，这是刘备占领益州以来，蜀汉政权对外作战出动军队最多的一次，也是当时全国在册人口仅有九十四万的蜀汉政权，所能动员起来的最大兵力。此外，为了确保成功，诸葛亮还联络盟国孙吴，约定东西"同时大举"。

孙权也在这时出动了三路大军，号称十余万众，分别向广陵、合肥和襄阳三大战略目标推进。孙权本人则亲自赶到合肥前线督战。

自从刘备死后，秉政的诸葛亮坚持"联孙抗曹"的方针，蜀吴二国军队重又协同作战。而两家同时出动十万以上的兵马进攻曹魏，这是空前的第一次，也是绝后的最末一次。于是，渭河南北，长江上下，数十万健儿在各自统帅的驱使下，横刀舞矛，盘马弯弓，开始了一场又一场的大混战。

这一年，两军统帅的年龄是：司马懿虚岁五十六，诸葛亮虚岁五十四。

那四百七十里长的褒斜道（斜字的读音同"爷"），主要由两条河流的河谷组成。南端从南郑县（今陕西省汉中市）西边的褒水汇入沔水处起，沿褒水北上可达秦岭之巅。由此再顺武功水的源头下到秦岭北麓，到达武功水汇入渭水处的北端为止。南段褒水的河谷称为褒谷，北段武功水的河谷称为斜谷。在斜谷北口的东侧，沿渭水南岸，是一片深沟密布的荒野。而斜谷北口的西侧，则有一处"高平广远"之地，这就是随着诸葛大名而传闻千秋的五丈原（今陕西岐山县南五丈塬镇），现今已经成为著名的五丈原风景名胜区。

五丈原东西长约十里，南北宽约两里，其地势高出周围地面约五十丈，南扼斜谷，北临渭水，居高临下，是蜀军建立大本营的理想之地。诸葛亮一出斜谷，立即占领五丈原，在这里安下大营。

蜀军先头部队在斜谷口露面之际，即有魏军侦察人员飞马驰往长安报告。司马懿听说蜀军由褒斜道出兵，预料诸葛亮将安营于五丈原上，便向诸将说道："诸葛亮若是勇者，出武功水后当依山麓东进，直指长安，如此倒真令人担心。如果他统兵西上五丈原，则可以高枕无忧了！"

司马懿深知诸葛亮用兵谨慎，绝对不会一出斜谷，就不顾一切向东直扑长安。再者斜谷口以东的荒野上，深沟密布，大部队快速行军相当困难。因此，蜀军必定会屯兵五丈原。他之所以说出上面这段话，是想显示自己对诸葛亮的一切都早有预见，了如指掌，从而稳定军心。但是，这倒恰恰说明他的心情比较紧张，对来犯之敌不敢轻视。

敌军已至，自己的主力应在何处立营待敌呢？下属诸将大多认为，应当屯兵于渭水北岸，与五丈原隔渭水相望，这样较为安全。但是，司马懿不同意，他说："当地百姓与我们的军粮储备，皆在渭水南岸，故渭水南岸乃必争之地，应当屯兵在那里才是！"

此番主帅如此胆大，诸将惊异之余，只得从命。司马懿率领本部兵马十万，以及从洛阳赶到的增援兵马二万，向南渡过渭水，在五丈原与渭水之间筑垒安营。于是乎，魏蜀两军的大本营正面相对，距离不足十里。蜀军的背后，有褒斜道的运输线作为凭借；而魏军的背后，则有渭水进行来往交通。

司马懿立营之后，便在大营周围开挖深沟，筑起高垒，与敌军打起持久战来。此番他已经下定决心，不管自己将会受到什么样的外来压力和非议，都要坚持固守不战的方针。从上一次与蜀军的交战中，他已经清楚看到：只有固守不战才是克敌的唯一法宝。上一次只有自己一个人主张打持久战，而这一次就不同了，他有强大的靠山。原来，魏明帝曹叡得知蜀汉大军倾巢复出，立刻抽调二万精兵增援西线，同时给司马懿下了一道"切诏"，也就是措辞严厉的诏书，诏书上说：

> 但坚壁拒守，以挫其锋。彼进不得志，退无与战，久停则粮尽，虏略无所获，则必走矣。走而追之，以逸待劳，全胜之道也。

　　意思是说，只消坚壁拒守，使其锋芒受挫即可。对方进攻不能如愿，退守也没有战机，长久停留粮食就会耗尽，就地抢掠民间也没有收获，那就必然要退走。退走的时候再进行追击，这种以逸待劳的战略方针，才是完全取得胜利的法宝。

　　司马懿心想：我有天子诏书在手，倒要看看谁又敢像上次那样，讥笑自己"畏蜀如虎"呢？

　　对面敌营中的诸葛亮不知对方的盘算，一封又一封地送来挑战书。司马懿一律拜读，也一律奉答。但是，他在回信中绝口不提是否应战，只说一些无关紧要的往事来搪塞。例如，蜀汉大将黄权，字公衡，当初曾随刘备征吴，兵败之后，黄权投降曹魏，深受司马懿的器重。司马懿在与诸葛亮的信中，即一再回忆与黄权议论诸葛亮才德的情景，并写道："黄公衡，快士也，每坐起欢述足下，不去口实。"意思是说，黄权乃是说话爽快之人，每次对坐交谈他都要称赞您，不绝于口。那诸葛丞相千里迢迢统领十万强兵来到五丈原上，当然不是为了听你司马懿几句奉承话的。司马懿坚守不动，诸葛亮便开始另想办法。

　　在正对五丈原的渭水北岸，也有一处高平之地，名叫北原。诸葛亮求战不成，站在五丈原上远眺北原，忽然得到灵感，他想：如果派一支偏师渡河占领北原，既可对魏军大营形成夹击之势，又可扰乱敌人的后方，阻断其军粮运输线，不是一着好棋吗？于是，他立即调兵遣将，前去进取北原。

殊不知司马懿的部属郭淮，善于用兵，也想到了这一着棋，他认为蜀军必攻此地，应先遣兵马占领之。他的同僚多持异议，但这一次，司马懿表现得非常善于听取下级的意见，不仅坚决支持郭淮，而且当场就命令郭淮率领本部兵马，去执行占领北原的任务。魏军得到先行之利，登上北原，正在挖掘堑壕，修筑堡垒之际，蜀军亦蜂拥而至。一场恶战之后，蜀军不能得手，只得收兵回到南岸。

两军相持的局面，一拖就过去一百多天。眼看到了仲秋八月，凉风时起，木叶纷飞。在五丈原上的孔明先生，不免暗中着急。他已吩咐所属各军，做好在武功水东西两岸务农屯田的久驻准备。但是，在入冬之前与魏军一决雌雄，仍然是他的迫切希望。为了把敌军引出营垒，儒雅正派的卧龙先生，竟然想出了一个不太正规的招数来。他派出专使，给司马懿送去了一套妇女的衣饰，意思是讥笑对方就像那胆小心怯的女流之辈一般。司马懿一见，立即怒发冲冠！

但是，司马懿的愤怒是假装的，是故意做给敌方使者和自家部属看的。须知忍耐与伪装，乃是他最突出的特长。其实，此时此刻，他的内心反而相当高兴——诸葛亮把这样的招数都拿了出来，不正说明其内心的焦躁非同寻常么？而敌帅焦躁不安，乃我之大利也。

早在前几次蜀使前来下挑战书时，司马懿就假装不经意的模样，问到了诸葛亮的寝食起居状况及公务之繁简。蜀军使者比较幼稚，不知道这些有关主帅的生活琐事，乃是第一等的军事机密，竟然老老实实告诉对方说：

> 诸葛公夙兴夜寐，罚二十刑杖以上，皆要亲
> 自过问。至于食量，每日所食，不过三四升米
> 而已。

当时的一升米，约合今三两左右，三四升米仅有一市斤上下。在当时，一般人的食量，每天都在五升米以上。《三国志·管宁传》注引《魏略》记载，当时有一个叫作扈累的孤寡老人，生活困难，官方救济他，每天供给五升救济粮，可是却不够他吃。连孤老之人每天五升米都吃不饱，诸葛亮一天才吃三四升，当然是太少了。吃得太少，管的事却太多，

寿命还长得了吗？所以司马懿听了蜀使之言，过后便向人说出了自己的判断："诸葛孔明食少事烦，其能久乎？"

现今诸葛亮又加上了心情焦躁这一条，司马懿更觉得优势在握。如果说以往司马懿一直在与对方比军粮充足，比耐性坚强的话，现今他的目的更为明确了，就是要与对方比寿命的长久了！

比命长，必须拖时间。但是对于敌方送来妇女衣饰的侮辱，也不能不有所反应。于是，他不仅表现得怒发冲冠，而且立即亲自起草了一份请求与蜀军决战的表章，派专使慎而重之地送到当时魏明帝所在的陪都许昌（今河南省许昌市东）。

古语云："将在外，君命有所不受。"司马懿身为大将军，关中战区的总指挥官，而且假黄钺，也就是代表天子出征，何须远至两千里外的陪都去请求决战权？所以曹叡接到表章一看，就知道司马懿在做戏，他一定是在坚持固守不战方针时遇到了麻烦，需要自己协助配合。心领神会的曹叡，立刻派出一位骨鲠老臣，前往长安与司马懿配戏去也。

这位老臣姓辛，名毗，字佐治，豫州颍川郡阳翟县（今河南省禹州市）人氏。他以大将军军师的身份赶到司马懿的大营后，立即手持代表皇帝威权的节杖，守住军营大门，节制诸军，不准出战，否则以违背天子旨意问罪论斩！司马懿一而再、再而三地请战，辛毗一而再、再而三地制止，一唱一和，戏演得很是逼真而生动。情报传到蜀军大营，只有明智无双的诸葛先生，一眼看穿了这场把戏，他说："司马懿本无战心，其所以一再请战者，故意显示勇敢也。将在外，君命有所不受，如果司马懿有把握制服我，何必远行千里请战啊！"

内心的焦躁，过度的思虑，繁剧的军务，再加上长期风餐露宿于秋原之上，这一切终于把诸葛亮击倒了。八月间，蜀汉丞相不幸病逝于五丈原大营之中，实现了他生前所发出的"鞠躬尽力，死而后已"的悲壮誓言。

诸葛亮临终之前，已将后事做了周密的安排。撤军势在必然，此事由丞相府长史杨仪负责指挥。杨仪暂不发丧，先拔营撤退全军。

蜀军一开始行动，即有人报告司马懿。在大营中龟伏多时的司马懿喜出望外，立即亲率数千人马迫近观察。他猜想蜀汉方面或许出了大事，比如诸葛亮病危之类，但他又怕对方在耍什么花招。蜀军将领姜维，望见司马懿的旌旗，遂建议先威胁一下敌军，以求顺利撤退。司马懿正凝神遥望间，忽见南撤的蜀军掉转旗头，对准自己冲来，同时战鼓雷鸣，杀声震天。他暗叫一声："不好！"连忙拨马奔回大营，闭门不出。蜀军达到目的，这才又回头整军结阵，从斜谷口迅速退去。

蜀军完全退出五丈原的次日，司马懿鼓起勇气，在数万人马的护卫下，登上了数月之中可望而不可即的五丈原。只见十里长原上，堑壕密布，营垒整齐有序，虽然现今已空无一人，仍然有令人震慑的气象，他不禁由衷惊叹道："诸葛孔明真天下奇才也！"

但是，当他发现蜀军营垒之中，丢弃了不少文件、地图、粮食、军器时，立时意识到诸葛亮一定是死了，他马上与辛毗商量派兵追击。辛毗比较迟钝，认为事情尚未可知。司马懿这一次真的急了，说道："军书密计，兵马粮谷，皆兵家所重，今皆弃之，即为明证。岂有人抛弃五脏之后还能生存者？不可迟疑，宜急追之！"

辛毗也明白过来，于是魏军全部出动，循着斜谷向南追去。蜀军早有防备，在沿途布下了无数的"蒺藜"。所谓"蒺藜"，后世称为扎马钉，这是蜀军特制的防御利器。此钉以铁制成，有四枚均匀分岔的尖刺，各长一寸许，约合今三厘米左右。随手抛之于路，必有一枚尖锐铁刺笔直朝上，可以刺伤人马之脚掌。至今陕西定军山下荒野之中，尚不时有此兵器出土，而一些博物馆中也能见到出土的实物。

魏军前锋进入斜谷，忽然间人倒马翻，血流满地，四周却毫无敌军踪影，细看才知陷入对方的蒺藜阵中。司马懿无奈之中，只得挑选二千健卒，脚登软木制成的平底木屐，在前缓缓前进，以扫除蒺藜。屐声得得，二千人的木屐队在空谷中发出清脆的音响，倒也有趣得很，只是前进速度大为降低，要想追上蜀军是毫无希望了。

一直紧追出三百里，到达了褒谷中的赤岸（在今陕西省留坝县东）地界，仍未追上蜀军。蜀军虽未追上，却得到了诸葛亮死亡的确切消息，司马懿颇觉欣然。所以当他听到附近百姓对他的嘲笑，说是"死诸葛吓走生仲达"时，他也能够莞尔一笑，自我辩解道："我只能预料活人，不能够预料死者啊！"

渭南对垒，就这样以司马懿完全达到战略目的而告终。

诸葛亮"出师未捷身先死"，这不仅令后世之人如诗圣杜甫泪满衣襟，就是在当时，也有人为之扼腕叹息不已。盟国孙吴的鸿胪卿张俨，即为其中的一位。张俨，字子节，扬州吴郡吴县（今江苏省苏州市）人氏。他曾著《默记》一书，其中有《述佐篇》，专门论述蜀魏两国辅政大臣，即诸葛亮与司马懿的优劣高下，以抒发心中感慨，他写道：

> 孔明起巴蜀之地，踣一州之土，方之大国，其战士人民，盖有九分之一也，而以贡赞大吴，抗对北敌，至使耕战有伍，刑法整齐，提步卒数万，长驱祁山，慨然有饮马河、洛之志。
>
> 仲达据天下十倍之地，仗兼并之众，据牢城，拥精锐，无禽敌之意，务自保全而已，使彼孔明自来自去。若此人不亡，终其志意，连年运思，刻日兴谋，则凉、雍不解甲，中国不释鞍，胜负之势，亦已决矣。昔子产治郑，诸侯不敢加兵，蜀相其近之矣。方之司马，不亦优乎！

张俨认为：诸葛亮凭借蜀汉仅仅一个益州的力量，就能在综合实力比自己大得太多的曹魏境内杀进杀出，如入无人之境，司马懿却奈何对方不得，所以诸葛亮的才干，应当要高出司马懿一筹；如果诸葛亮不早死，则北伐大事就能够成功。

张俨的看法，可以说代表了后世大多数人的观点。但是，司马懿如果始终坚持拥兵守险，不战而屈人之兵的战略方针，诸葛先生即使不死，就一定能够"饮马河洛"，占领中原了么？答案是恐怕未必。这正是：

不战屈人甘受辱，孔明何计得中原？

要想知道在诸葛亮这位强劲对手病死之后，司马懿又还会有哪些出色的用兵表演，请看下文分解。

第十一章

远袭辽东

诸葛亮身死五丈原之后，司马懿在长安又镇守了三年。这三年间，他的生活过得轻松而愉快。

轻松是不言而喻的。丞相诸葛亮一死，蜀汉忙于安定内部，根本无暇外顾。西线平静无战事，西部战区的军事长官自然是优哉游哉。至于说到愉快，那么令他高兴的事可就多了。

首先，在政治上他已经上升到百僚之首的地位。抗御蜀军取得预期的成功，魏明帝给司马懿加官晋爵，厚与赏赐，使司马懿的声望明显增高。不久，司空兼录尚书台事陈群，病逝于洛阳。当初的辅政四大臣，只有司马懿一人是硕果仅存。至此，不管是论声望，还是论官位，魏朝群臣中都无出其右者。宦海浮沉近三十年，终于到达人臣之极顶，一想到此点，老练深沉的司马懿也不免要激动兴奋一番。

其次，在军事上他亦拥有空前的实力。利用抗御蜀军的机会，他大力招兵买马，扩充军队，自不用说。而几年前他在关中兴修的水利工程，这时已经显现效益，以致东面的关东出现大饥荒时，他一次即能从西面的关中调运五百万斛粮食，到京师洛阳去救急。司马懿统辖之下的西部战区，此时完全可以用"足食足兵"四个字来形容。有了如此强劲的实力作凭借，他司马懿又畏谁惧谁呢？

还有一件令司马懿高兴不已的事，是他在此期间得到了一个长孙子。前面已经说过，司马懿的长子司马师，娶妻之后长期无子，其次子司马昭娶东海王肃之女为妻。王氏至此初生一子，取名为炎，字安世，就是后来西晋皇朝的第一位皇帝晋武帝。长期以来，司马懿一直为后嗣问题忧心不已。河内温县司马氏本是世代簪缨的名门大族，如果自己这一支后嗣不昌，不仅他人要在暗中议论，视为怪事，而且自己辛辛苦苦创下的基业，将来也无人继承了。而今长孙出世，忧心之事不复存在，司马懿心中之高兴，可想而知。

　　在长安的司马懿过得轻松而且愉快，在京城的魏明帝同样如此。自从大司马曹休攻吴和大将军曹真伐蜀都告失败之后，曹叡那一统天下，收功境外的雄心壮志即荡然无存了。他似乎下定决心，要好生享受一番，做一个逍遥皇帝和快乐天子。诸葛亮身死而西方长期无事，此时的孙吴，亦因内部频繁出现山越的反抗而停止对外用兵。曹叡觉得放心享受的机会已到，便忙不迭做起一桩又一桩的乐事来。他在京城北郊的宣武场上观看猛兽相斗，在洛阳东面圈占数百里耕地养鹿以供射猎，他甚至还不惜给孙吴送去对方军队最急需的马匹，以便向孙吴交换明珠、翠玉、玳瑁等珍稀玩赏之物。但是，在他所作的乐事中，最为损国伤民者，要数大修宫殿苑囿这一项了。

　　曹叡生性好色，后宫女官，自皇后以下有十二等，再加上服侍她们的宫女，为她们表演取乐的乐女和舞女，后宫女性的总数达到数千人之多。数千佳丽，要住要玩，不能不大规模扩建皇宫。曹魏建都洛阳，初时只是把汉宫北区加以修复，作为宫殿，而汉宫的南区则暂时弃置。此时的曹叡，从各地强征民夫四万人，在汉宫南区大兴土木，先后建起太极殿、昭阳殿等宏大建筑，又对汉宫北区的宫殿重新修缮装饰。《三国志·高堂隆传》中对此有一段生动记述：

> 帝愈增崇宫殿，雕饰观阁，凿太行之石英，
> 采谷城之文石，起景阳山于芳林之园，建昭阳殿
> 于太极之北，铸作黄龙、凤凰奇伟之兽，饰金墉、
> 陵云台、陵霄阙。百役繁兴，作者万数，公卿以
> 下至于学生，莫不展力，帝乃躬自掘土以率之。

为了加快施工进度，魏明帝竟然不惜屈万乘之尊，辱天子之体，亲自掘土挖泥，这种建筑狂热真是罕见。对于皇上大量靡费民脂民膏的反常行为，魏朝大臣深以为忧，纷纷上言劝阻。魏明帝的态度，可以用八个字来形容，即"虚心接受，诚心不改"。朝臣进谏，他一概笑纳，毫不动气，但过后依然故我，照样大干快上。在进谏的群公之中，绝大多数人都只是从大修宫室，耗省国力太甚这一点立论，唯有一位大臣独具慧眼，预见到了另一种特殊的严重危险，此人即是光禄勳高堂隆。

高堂隆，复姓高堂，名隆，字升平，乃兖州泰山郡平阳县（今山东省新泰市）人氏。其人生于儒家兴起的齐鲁故地，长于儒家经学，又秉性耿介，故而常常援引儒经条文，犯颜直谏。他不仅一再劝诫魏明帝要爱惜民力，而且两次上言提醒皇帝，要注意异姓强臣威胁皇室。青龙三年（235 年），魏

明帝下令修建陵霄阙，有喜鹊筑巢于阙上。魏明帝问高堂隆此为何种征兆，高堂隆援引《诗经·召南·鹊巢》一诗中"维鹊有巢，维鸠居之"的诗句，说这是上天示警，表明"宫室未成，将有他姓制御之"。意思是等不到宫殿修建完工，就会有异姓的权臣来鸠占鹊巢，篡夺皇权。两年之后，高堂隆病故，临终前他已经无所忌讳，口述了一段含义更加清楚的忠告进呈魏明帝，他说：

> 臣观黄初之际，天兆其戒，异类之鸟，育长燕巢，口爪胸赤，此魏室之大异也，宜防鹰扬之臣于萧墙之内。可选诸王，使君国典兵，往往棋峙，镇抚皇畿，翼亮帝室。

高堂隆明确指出：要防备在萧墙之内出现的异姓强臣，来篡夺皇朝的天下。防备之关键要术，乃是让曹氏诸亲王掌握军事要冲的兵权，在外作为中央皇权的辅翼。既然他要曹氏宗室亲王到地方控制兵权，那么他所针对的异姓"鹰扬之臣"究竟是指谁，不是很清楚了吗？

司马懿以朝廷首辅之尊，拥强兵于关中的雍、凉二州，与关东的皇帝形成"分土而治"的局面，这已经令有识者感到不安；而关东的皇帝又沉迷于宴乐之中，与关中司马懿的励精图治恰好相反，这就更使高堂隆之类忠于魏室的大臣忧心忡忡了。但是，尽管高堂隆言之谆谆，魏明帝却听之藐藐，并不以他的话为然。

曹叡不仅不防备司马懿，而且从史载的情况来看，对于这位硕果仅存的辅政大臣，他甚至越来越倚重了。就在高堂隆死后不久，曹叡即急召司马懿入朝，亲自下达一项重要任务，要司马懿统领雄兵四万，前去平定辽东（治所在今辽宁省辽阳市）。

所谓"辽东"，乃是当时幽州属下一个大郡。其地域南包今辽东半岛的全部，西至辽水，北含大梁水，东抵西朝鲜湾，面积相当广大。郡治襄平县，即今辽宁省辽阳市，位于大梁水的南岸，城高池深，地形险要。早自董卓之乱起，辽东即被当地豪族公孙氏所占据。由于其地远离中原，用兵不易，所以在曹操、曹丕之时，都没有出兵辽东，对公孙氏只是安抚羁縻而已。及至曹叡登位，辽东的割据者乃是公孙渊。

公孙渊，字文懿，性格狡诈多变。他先是遣使渡海南下，向吴国皇帝孙权俯首称臣。大喜过望的孙权，立即封他为燕王，而且还派出一支万人船队千里迢迢运去大量贵重货物，准备在辽东交换战马。不料公孙渊突然变脸，派兵抢了货物，杀死吴国使者，反过来又向曹魏报功请赏。魏明帝也派出特使，拜公孙渊为大司马，封乐浪公，兼辽东郡太守。

魏国使团到达襄平，公孙渊先以甲兵包围使臣驻地，然后受拜。吓得魂不附体的魏国特使，回到洛阳就向皇帝报告了公孙渊的嚣张无礼，曹叡心里不禁怒火中烧。于是，他命令幽州刺史毌丘俭（毌丘是复姓，毌字读音同"贯"）进兵至辽水，然后以皇帝名义下书，要公孙渊入朝洛阳。那公孙渊岂肯俯首入瓮？立即举兵抵抗，同时又遣使至孙吴谢罪称臣，以求外援。公孙渊依仗地利，在辽水一战击败魏军，随即自立为燕王，改元"绍汉"，署置百官，并联合塞外鲜卑族武力，共同进攻曹魏北部边境。在这种情况下，荡平辽东，安定北方，便成为摆在魏明帝面前的急务。

辽东悬远，公孙渊兵精粮足，又新破魏军名将毌丘俭，声势正盛。因此，派遣何人统兵去辽东方可克敌制胜，是曹叡反复思考的问题。想来想去，他觉得举朝之中只有一人能当此重任，此人非他，即是已经升为太尉的司马懿。

至此，我们即可理解何以高堂隆一再提醒魏明帝提防"鹰扬之臣"而曹叡并不采取行动的道理了，因为境外尚多战事，他还必须倚重司马懿这位军界强人。当然，另一个重要原因，是司马懿飞黄腾达之后，仍然居官谨慎，奉职不懈，使曹叡并无强臣震主的感觉。司马懿为人处事之谨慎，从以下一件小事可见一斑。

太常卿常林，是司马懿的温县同乡，但他与司马懿之父司马防交谊甚笃，故而辈分在司马懿之先。司马懿成为辅政大臣之后，论地位要比常林显要得多，然而每次见到常林，司马懿都要执后辈之礼，向常先辈跪拜一番。对于常林尚且如此，对待曹叡如何也就可想而知了。

于是魏明帝下达急令，召司马懿至京师受命。景初二年（238年）正月，还是天寒地冻之时，司马懿风尘仆仆赶到洛阳，立即受到皇帝的召见。

召见在北宫的正殿即建始殿进行。司马懿严格按照当时大臣面见皇帝的规矩，先解下身上的佩剑，再脱去脚上的双履，然后小步快走，趋上前跪拜行礼如仪。赐座之后，曹叡发话道："辽东小寇，本不足以劳动君驾，因务在必克，故以远征之事相烦。君试揣度公孙渊将有何计应对？"

司马懿早有考虑，他赶紧离开座位，跪伏在地，轻声答道："渊若放弃襄平，预先逃走，算是上策；若据辽水以拒大军，算是中策；下策是坐守襄平，必定为我军所擒！"

曹叡接口问道："然则公孙渊将何取何策？"

司马懿重又弯腰跪伏在地，恭恭敬敬答道："唯明智者能审度彼我形势，预先有所放弃，此点绝非公孙渊所能做到。今我方悬军远征，渊必认为我军不能持久，将先拒战于辽水，然后固守襄平，此中、下二策也。"

曹叡频频点头，想了一会，复又问道："君估计大军往还当需几多时日？"

司马懿再一次弯腰跪伏在地回答道："此去辽东四千里，往需百日，攻需百日，还需百日，以六十日为休整，共计一年足矣。"

对于司马懿的回答，曹叡深为满意。他所满意者，不仅在于司马懿分析敌情之深入全面，更在于司马懿回答问题时态度的谦卑恭顺。年已六十岁的首辅元老，两鬓斑白，起坐不易，却是每当答话，必定跪伏在地，一而再，再而三，毫无懈惰之情。单凭这一点，也就可以当得起"社稷之臣"四个字了。反观那些对司马公颇有微词的臣僚，对自己倒没有这样尊重，今天上言指责不该大修宫室，明天上言批评不宜广纳妃嫔，简直把自己当作是荒淫无道之至的夏桀、殷纣复生，真是可恼。看来今后应当继续依重此公，以柱石朝廷。

但是，曹叡哪里会想到，此时自己心中的一闪念，今后将影响到曹魏的国运呢？

春寒料峭，司马懿统领四万雄兵离开洛阳，前往东北方向的辽东。由洛阳往辽东，从道路方便而言，本来应出京城的东门或北门，但因命将出征带有肃杀之气，故而改走相应的西门出城。当时洛阳城西有三座城门，居中的正门叫作西明门。这一日，魏明帝率领公卿百官，亲自前来为司马懿送行，当时称之为"祖道"。天子车驾一直送出西明门外一二里，方才止轮回车。曹叡格于礼制，不能远送，便下诏命司马懿之大弟尚书右仆射司马孚，以及司马懿之嫡长子司马师，代表朝廷和家属继续送大军北上，一直要送过司马懿的故乡温县（今河南省温县）。

抵达温县之时，司马懿受到当地官员的热烈欢迎，当地百姓也沾光领受到官方的酒肉赏赐，而这一切都出自魏明帝的旨意。受到皇上的无比恩宠，衣锦还归故乡，一向性格沉稳且不喜欢写作描绘之辞的司马懿，也感慨万端，忍不住要歌之咏之了。于是，他写下了他这一生唯一传世的一首四言诗，诗曰：

> 天地开辟，日月重光。
>
> 遭遇际会，毕力遐方。
>
> 将扫群秽，还过故乡。
>
> 肃清万里，总齐八荒。
>
> 告成归老，待罪舞阳。

诗的艺术性不怎么样，意思也很明白：生逢明时，得以效力，今去辽东，路经故里，誓为主上，统一天下，功成之后，即回自己的封地舞阳县（今河南省舞阳县西北）养老。志气倒是豪壮得很，可惜天下并未统一成功，回舞阳养老也变为一句空话。

在温县"宴饮累日"之后，司马懿抛却诗酒之乐，率军杀往辽东。一路之上，栉风沐雨，夜宿晓行，也无须细说。这年炎夏六月，魏军经孤竹城（在今河北省青龙县南），越碣石山（在今河北省昌黎县北），跋涉近四千里，来到辽水西岸扎营安寨。早有探马把敌军布防情况报告到中军帐里，司马懿立时开始研究地图，思考破敌方略。

辽水是一条自北向南的大河。在其下游的东岸，有一条自东向西的支流，这就是大梁水。大梁水与辽水的交汇之处，是辽东郡的西部军事重镇辽隧城（今辽宁省鞍山市西）。辽东郡的首府襄平（今辽宁省辽阳市），即位于辽隧的东北一百里左右。从军事上看，辽隧西临辽水，控御大江上下，得之则襄平可保，失之则襄平可忧，完全称得上是辽东郡的西门锁钥。因此之故，公孙渊特地派遣将军卑衍、杨祚，领精兵数万驻屯辽隧，严密封锁附近辽水南北六七十里的江面，阻止魏军渡江。而他本人则坐镇襄平，静观战局变化。

　　自出兵以来，司马懿就一直担心公孙渊采取暂时放弃襄平分兵周旋的游击战术。因为这样一来，要想在短时间内消灭对方的主力非常困难，而自己悬军远征，又不能久停辽东。现在对方集中兵力，摆出一副决战的架势，他马上意识到：大显身手的机会到了。经过周密考虑，他决定先以"明修栈道，暗度陈仓"的策略打过河去。

　　于是，他调集大批兵马，多树旗帜，佯装要在辽隧城以南的河段渡河。卑、杨二将不知是计，急率守军主力前往阻挡。与此同时，司马懿却亲自指挥精锐部队，悄悄从辽隧城以北的河段渡过辽水。待到卑衍和杨祚清醒过来，四万魏军已然在辽水东岸站住脚跟了。

　　渡过辽水之后，司马懿接着实施第二步计划。这计划也可以用八个字来形容，即"击其必救，引蛇出洞"。卑、杨二将见到敌军渡过河来，急忙收兵回营，凭借深沟高垒，固守不出。司马懿一见不禁暗自发笑，心想这本是我对付诸葛亮的看家本领，你们也敢拿出来对付我？他一面督促魏军在营寨四周构筑防御工事，做出要与南面的敌军打持久战的姿态，一面又密令各军做好奔袭敌军大本营襄平的准备。

　　诸将对奔袭东北一百里外的襄平感到不解，认为应当直接攻击辽隧之敌。司马懿微微一笑，向众人解释说："辽隧之敌深沟高垒，固守不战，其目的即在于拖垮我军。今若攻之，正中其计。敌主力集中于此，则老巢必虚。我直指襄平，就可击破辽隧之敌了。"

诸将莫不叹服。于是魏军列阵而过，暂时抛开辽隧，直奔襄平。卑衍与杨祚果然率众出营阻截，不防被魏军伏兵冲击，三战三败，辽隧遂告失守。卑、杨二将无奈，只好收合散兵，奔回襄平。司马懿动如脱兔，挥军急追，把襄平城团团围定，决心全歼公孙渊势力于此地。

这时已进入初秋七月，辽东连降霖雨，平地水深数尺。司马懿早就得到确切情报，说是自辽隧之敌涌入襄平城中之后，敌军存粮迅速减少，全歼守敌大有希望，所以他一再下达严格命令：各军务必保持包围的完整，不得因霖雨擅自移动营地！将军张静犯令，被当场斩首。到了七月底，霖雨停止，一场激烈的攻坚战开始了。

自从上庸之战后，司马懿对于攻取坚城就有了丰富的经验。其要诀有二：一是要猛烈。攻城行动先要做好充分准备，一旦开始即如暴风骤雨，不给守敌以任何喘息的机会，直至破城为止。二是要多方。当时攻城之术甚多，或高筑土山从上而降，或深掘地道由下而入，或以钩梯直接登城，或以冲车冲击城门。这些都要同时采用，使对方穷于应付。此

时此刻，司马懿把这两手绝招都亮了出来，公孙渊如何招架
得住？史籍记载当时的战况是："昼夜攻之，矢石如雨。渊窘
急，粮尽，人相食，死者甚多，其将杨祚等降。"看来公孙渊
的末日已经不远了。

公孙渊苦苦撑持到八月中秋，无可奈何之中，想出了一
条缓兵之计。他派遣本国两位老臣，即相国王建、御史大夫
柳甫，前往魏军大营请求解围退兵。司马懿喝令将王、柳二
人推出斩首，然后给公孙渊送去一纸檄文，上面写道：

　　昔楚、郑列国，而郑伯犹肉袒牵羊而迎之。
孤为王人，位则上公，而建等欲孤解围退舍，岂
楚、郑之谓邪！二人老耄，必传言失旨，已相为
斩之。若意有未已，可更遣年少有明决者来。

大意是说，先秦时期的楚国军队打到郑国，郑国的国
君见势不妙，就光着身子牵上肥羊，前去投降迎接楚军。
当时的这两国，还是地位平等的诸侯国。如今我是中央天
子派出的特使，官居朝廷最上等的三公之首太尉，而你派
出的渺小人物王建等人，竟然想让我解围退兵，这不是蠢
得连过去的郑国都比不上吗？这两个人年纪老了，必定是

把你的话传达错了，所以已经砍了他们的脑袋。如果你还有什么话说，可以派遣年轻一点而且脑袋清楚，做事有决断的人来！

司马懿已经把话说到这样的份儿上，公孙渊却还不死心，又派侍中卫演前去谈判，说是只要魏军解围退兵，可以把公孙渊的儿子送去作人质。司马懿冷笑着对卫演说道："用兵者可选择之事有五，你家主将可曾知晓？能战则战，不能战当守，不能守当逃，余下来只有降和死两条路可走。你家主将既然不肯投降，那就必定是想死。既然是想死，就不必送人质来了！"

卫演狼狈万分，急忙回营复命，公孙渊把牙一咬，下令从城南突围而出。司马懿早有防备，立即予以迎头痛击。公孙渊带着残兵败将，回转马头，直奔东北，准备越过大梁水，逃往深山密林。不想逃到大梁水边，即被魏军铁骑追上。一阵如砍瓜切菜般的冲杀过后，号称"燕王"的公孙渊，连同其儿子当场死于非命。

接着，司马懿纵兵攻入襄平，大开杀戒。共计斩杀公孙渊文武官员二千余人，年龄十五岁以上的男性兵丁七千余人。襄平城中，尸积如山，血流漂杵，一片恐怖景象。至此，自从董卓之乱前夕即占据辽东，至此已达四十余年的公孙氏势力，被彻底消灭了。辽东所辖的三十多万人口，也归入曹魏王朝。而司马懿则以上万人的鲜血和生命，在自己的头上又添上一道成功的光环。

当月，司马懿率大军凯旋班师。回到幽州的州治蓟县（今北京市西南）时，魏明帝派出的劳军使团也赶到了。首功司马懿，加封昆阳一县（今河南省叶县），这样一来他的封邑就有舞阳、昆阳二县之地。在曹魏的异姓封侯者之中，封邑有两个县者，这还是破天荒的首例。以下的将士，也各有封赏。为了表示关怀，司马懿把一千多名六十岁以上的老兵遣散回家，将领战死者送丧至原籍。在蓟县宴饮犒劳三军数日之后，司马懿又继续南下。

就在他优哉游哉回转长安的途中，京城洛阳却发生了一件了不得的大事。原来，三十四岁的魏明帝曹叡，突然病倒床榻，生命垂危。于是，司马懿又一次得到了进入中央政治核心而出任辅政大臣的机会。这正是：

辽东一片腥腥血，染就将军官运红。

要想知道此番司马懿何以会再度出任辅政大臣，而他入朝辅政之后，又会遇到何种宦海风波，请看下文分解。

第十二章

再任辅臣

　　魏明帝曹叡是在十二月上旬突然发病的。至于他究竟患的什么病，史书上没有明说。不过，从他长期沉溺于众多后妃的情欲，以至于朝臣纷纷针对他隐私性的性生活上呈奏疏，劝他"育精养神，专静为宝"来看，他的健康状况突然恶化，必定与性生活过度而精气伤损太甚密切相关。汉魏以来，皇帝时兴早婚，内宠又动辄以千数，所以早死便成为皇帝之中的普遍现象。曹叡的父亲曹丕，虚岁四十刚出头就魂归离恨天，原因也在于此。史称魏明帝时后宫佳丽多至数千，比他的父亲还多，以一敌千，任你曹叡是金刚之身也要被欲火销熔了。因此之故，曹叡不仅盛年突发急病，而且一病即病入膏肓。

俗话说："病急乱投医。"曹叡病倒于卧榻之上，御医们回天乏术，无可奈何的他，只得请一位神仙来救命。原来，三年之前，扬州淮南郡寿春县（今安徽省寿县）境内，出了一个女巫。她自称是天神下凡，专门保佑曹魏皇家，为之"蠲邪纳福"。所到之处，均以"神水"治病，往往有效，一时名声大噪。曹叡得知此事，特地把女神仙接到魏宫的馆舍居住，好吃好喝招待不说，还下诏称赞表彰，弄得宫苑之中，弥漫着一股神怪气氛。曹叡突然得病，药石无效，便恳请女神仙赏赐"神水"续命。谁知饮了一杯又一杯，那"神水"总是不显效。一气之下，曹叡便命人把女神仙杀死在后苑的草莽之中。

连神仙都救不了命，曹叡自知大限不远，便回过头来考虑后事。同当初他父亲曹丕病危时的情形一模一样，曹叡所居住之处也在嘉福殿，所考虑的也主要是继承人选和辅政大臣人选两大问题。

继承人选的问题，已经令他心忧不已。由于早婚与纵欲过度，曹叡虽有后宫佳丽数千人，却一直未有子嗣。三年之前，他秘密收养了两个义子，并封之为亲王。其中，封为齐王的曹芳，此时年仅八岁；封为秦王的曹询，也不过九岁。据说曹芳和曹询，都是曹叡堂弟曹楷之子，即曹丕之弟曹彰的孙子。即便这是事实，二位小王爷的确为曹氏宗亲，由他们之中的任何一位来当皇帝，都未免太年幼了一点。八九岁的娃娃，恐怕只有充当傀儡的份儿，何况还不是自己的亲生血胤。想到这点，曹叡就为今后君权的必将旁落而叹气不已。但是，要叫他把皇位让给曹氏宗王中的年富力强者，他又不情愿。想来想去，他决定还是选择比较聪颖的曹芳作为继承人。

辅政大臣的人选问题也令曹叡头痛不已。继承人年幼，若要想将来新皇帝不受欺负，辅政大臣的选择自应以忠贞恭谨为先。可惜忠贞恭谨之人往往又未必能干，如何能处理繁剧的军国机务？曹叡在病榻之上苦苦思索，与此同时，曹魏统治集团的各派势力也开始明争暗斗。这样一来，致使辅政大臣的人事安排，在十二月下旬的数天之中，竟然就发生了几次的大变动。

十二月二十四日辛巳，也就是曹叡临终前六天，他下定决心，宣布了考虑已久的辅政大臣人选。他任命燕王曹宇为大将军，作为首辅大臣。其余四位协辅大臣是：领军将军夏侯献，武卫将军曹爽，屯骑校尉曹肇，骁骑将军秦朗。

　　曹宇是曹操的庶子，其年龄与曹叡相差不多。曹叡自小和这位叔父一起长大，二人关系异常亲密。当初魏文帝曹丕在世时曾立下一条规定：凡是宗室亲王，均不得充任辅政大臣。这条规定的目的，是防止曹氏近亲篡夺皇位。曹叡不顾父皇的遗制，以曹宇为首辅，不仅表示他对曹宇的特殊信任，而且也说明在曹叡的内心深处，仍然把同姓亲族视作最可依赖的力量。

　　领军将军夏侯献，出自曹氏的亲族夏侯氏。武卫将军曹爽，是已故大司马曹真的嫡长子。屯骑校尉曹肇，则是已故大司马曹休的嫡长子。骁骑将军秦朗，是曹操收养的义子。由此可见，上列辅政大臣的班底，其择人的标准并非是才干和声望，而纯粹是看关系的亲疏。

　　在此就有必要回过头来，分析一下司马懿此前升任太尉的往事了。三年之前，司马懿在渭南对垒中盼到了诸葛亮的逝世。蜀军撤退之后，魏明帝下诏：提升大将军司马懿为太尉，并增加其封邑。表面上看，司马懿是向上升迁了，其实却不尽然。

　　大将军一职，自西汉武帝时起，就一直是朝廷百官之中最为重要的角色。大将军不仅统领天下兵马，掌握朝廷军权，而且更重要的是，他又兼为内朝官的领袖，与君主的关系非常密切。

何谓内朝官？内朝官又称中朝官，是相对外朝官而言的。汉代的朝廷官员，自汉武帝以后，有"内朝"和"外朝"之分。由丞相领导的正规行政机构（包括九卿衙门）各职官，因为他们的办公官署，均在皇宫之外，所以属于外朝官。以大将军为首的皇帝近臣，包括侍中、常侍、给事中、尚书令、尚书仆射和尚书等，因为办公官署都在皇宫之内，直接服务于皇帝，所以属于内朝官。就作用而言，外朝乃是施政机构，内朝近似决策机构，内朝对外朝有所牵制，以免丞相架空皇帝。由于大将军出统兵马，入侍天子，权势非同寻常，所以汉魏之时任此职者，皆是皇帝最最信任之人。至于外朝官三公之首的太尉，等级虽然要高那么一点点，但是其重要性与大将军就不可比拟了。

在司马懿之前任魏朝大将军者，是魏明帝最为宠任的曹真。在司马懿之后任大将军总领朝政者，是魏明帝非常信赖的曹宇。可见当初曹叡把司马懿"升"到太尉位置上，其真正的用意，就是想把大将军的交椅空出来给予曹家人。曹叡并非不信任司马懿，说不信任是不合事实的。但是，信任的程度有深有浅，比较而言，曹叡更信任一笔难写两个"曹"

字的同姓近亲。

曹宇出任首辅之后，所做出的第一项，也是唯一的一项决策，就对司马懿不大有利。当时，司马懿新破辽东，声望更高一截，又统有数万雄兵，气势咄咄逼人。把这位元老重臣迎至京都，明显将对新的辅政班底构成严重威胁。因此，曹宇奏请魏明帝批准，以关中军务特别繁重为由，下诏令司马懿班师回来时不回洛阳，径直取道黄河北岸，赶回原来的驻地长安。这样一来，司马懿虽然新立一件大功，却依旧是一位与中央不挨边的方镇。

但是，仅仅三天之后，形势就发生剧变。

原来，在魏明帝身边有两位长期掌管机要事务的官员，一位是中书监刘放，另一位是中书令孙资。刘、孙二人自魏文帝曹丕时起，即主管中书省的事务。这中书省职掌机要文书之草拟收发，处于权力核心，故而有"凤凰池"之美称。魏明帝即位之后，依然对刘、孙二人极为信任，史籍说是魏明帝"亲览万机，数兴军旅，腹心之任，皆二人管之；每有大事，朝臣会议，常令决其是非，择而行之"。可见刘、孙二人，乃曹叡的左膀右臂，是魏朝事实上的宰相。曹叡在辅政大臣名单中没有考虑刘、孙二人，这已经欠妥；而新定辅政班底中的夏侯献、曹肇和秦朗，又素来与刘、孙二人不睦。

核心上层相互矛盾如此，形势岂得不发生剧变？

这一日，夏侯献与曹肇在嘉福殿看望卧病的皇帝之后出来，忽见殿旁矮树上栖有两只司晨的雄鸡。两人想起刚才在殿内碰到的刘放、孙资，便指鸡一笑，说道："此物在宫中可谓久矣，且看它又能得意几日！"

说者不知隔墙有耳，早有眼线把二人的嘲讽密报与刘、孙二人。刘放和孙资害怕日后遭到夏侯献等人的打击，便暗中商量推翻新辅政班底之法。二人是文官，所以只能采用智取之术，即通过皇帝之手来扼杀对方。刘、孙二人一下决心，司马懿的转机也就到了。

由于曹宇等人一直轮流在皇帝病榻侧旁侍候，所以刘放、孙资很难找到向皇帝进言的机会。十二月二十七日甲申，魏明帝病势加重，当值的曹宇见状，急忙出殿找曹肇、夏侯献商量，殿内的辅政大臣只有武卫将军曹爽。刘、孙二人与曹爽的关系还算不错，于是二人抓住时机，来到皇帝卧榻之前跪倒，流泪说道："陛下气微，若有万一，将以天下托付谁人？"

曹叡心中很清醒，轻声反问道："卿等难道没有听说朕已用燕王了么？"

刘放立即开始进攻，说道："陛下忘记了先帝的诏敕，即宗室亲王不得辅朝政。且陛下刚刚生病，而曹肇、秦朗等，即对左右宫女言语调戏。燕王拥兵自重，又擅自禁止大臣入见陛下，其作为完全如同过去误国的竖刁、赵高。今皇太子幼弱，未能统政，外有强暴之敌，内有劳怨之民，陛下不远虑存亡，而委弃祖宗之业与二三凡庸之才，以致卧病数日，即内外阻隔，社稷危殆，臣等真是痛心之至啊！"

史称刘放其人工于心计，确实是如此。他深知曹叡好色，最恨他人染指自己的姬妾，所以在罗列诸人的"罪状"中，恰到好处地加上了这方面的内容，而其他的指控，其实都是陪衬。果然不出所料，曹叡顿时怒容满面，问道："卿以为谁可托付大事？"

就刘放、孙资的本心而言，他们所拥护的人乃是司马懿。但是，他们知道曹叡不会同意选一个异姓大臣作首辅，再说皇上所信任的曹爽就在眼前，做一个顺水人情不是对自己大有好处么？于是二人同声答道："臣等以为曹爽可任大事！"

对于曹爽，魏明帝一直是宠爱有加的。这不仅因为曹爽之父曹真是魏明帝所倚重的宗室元勋，而且因为魏明帝在当太子时，就与曹爽过从甚密，私交极好。以曹爽为首辅，忠诚方面没有问题，魏明帝唯一担心者是其才干。曹叡略一沉吟，便向旁边的曹爽发话道："爽自度能任大事否？"

　　毫无精神准备的曹爽，此时紧张万分，以至于数九寒冬也满面流汗，张口结舌，无言对答。刘放见状心内着急，连忙踩了一下曹爽的脚，然后悄悄耳语告诉曹爽应对之言。曹爽得到提示，赶紧跪伏在地答道："臣当以死奉社稷！"意思是不惜以生命维护王朝的天下。

　　老实说，曹爽的话，是有点答非所问的。魏明帝问的是你曹爽的才能如何，而曹爽表的是自己的决心，才能同决心是两码事。只有决心，缺乏才能，未必就能承当起非凡的重任。但是，领导人物最喜欢听到的，就是下属的表达决心和显示忠诚。所以尽管曹爽答非所问，曹叡听后却点了点头，表示满意。刘放、孙资趁机再建议，征召司马懿进京协助曹爽辅政。

　　曹叡认为曹爽与司马懿配合的格局不错，可以弥补曹爽在才干与经验上的不足。刘、孙二人见大功告成，立即出外代拟诏旨。就在这时，曹肇来到了嘉福殿。

　　曹肇听说皇上变了主意，一面流泪，一面苦苦请求皇上维持原有的人事安排。七说八说，曹叡又同意了曹肇的请求。曹肇稳住这头，又赶忙出宫去找曹宇等人商议对策。这时刘放、孙资闻讯，急匆匆跑回嘉福殿。经过一番劝告，魏明帝又倒向了刘、孙一边。刘放自来机灵过人，他马上请皇

将帅之才奸雄之志
得政专权见利忘义

司马懿

图1 司马懿像（明刊本《历代人物像赞》

图2 司马故里旧址

图3　高平陵遗址

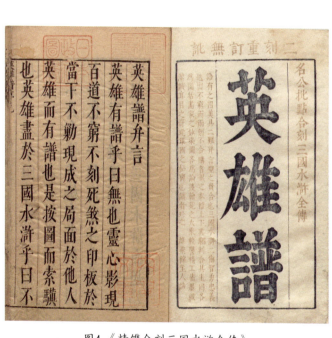

图4 《精镌合刻三国水浒全传》

图5　司马懿克日擒孟达（金协中绘）

图6　司马懿诈病赚曹爽（金协中绘）

图7 司马懿攻公孙渊(《三国志像》)

图8　司马懿父子秉政（《三国志像》）

帝亲自书写一通手诏来宣示内外，以免再生变故。魏明帝已被众人折腾得疲惫不堪，细声说道："朕困乏已极，无力作手诏了。"

那刘放也不客气，立即登上病榻，捉住皇帝的右手，刷刷刷一阵笔走龙蛇，片刻之间便把关乎曹魏皇朝命运的诏书写毕。刘放捧诏在手，先在殿前高声宣布："有诏免燕王宇等官，不得停留在宫中！"然后传令宫门守卫：不得放曹宇、夏侯献、曹肇、秦朗四人入宫，违令者斩！刘放耍出这么厉害的杀着，曹宇等人就输定了。

刘放、孙资心里都明白：皇帝下诏免除了曹宇等人的职务，任命曹爽为大将军，都督中外诸军事并录尚书台事，并不意味着自己一方已经获得彻底的胜利。曹爽才弱，夏侯献等还将反扑。当今急务，是要尽快召司马懿这位军界强人到京师辅政。只要司马懿在朝中一站，区区夏侯献、曹肇、秦朗之流还敢翻天？于是，趁皇上精神稍好，刘放催促魏明帝写了一封紧急征召司马懿入京的手诏，由宫中一位名叫辟邪的亲信听差，星夜驰送至司马懿的军前。

此时，司马懿的大军已经抵达河内郡的汲县（今河南省汲县西南），正要取道西南的轵关（在今河南省济源市西），径直向西前去长安。听说皇宫特使辟邪来到，他不禁感到意

外，等到他打开密封的手诏一看，更是大吃一惊，只见上面
歪歪斜斜，只写着十四字：

间侧息望到，到，便直排阁入，视吾面。

大意是说，现今我侧靠着卧榻休息，一心盼望你来到，
如果来到，就直接推门入室，与我见面。

司马懿又仔细看了一遍，不错，确实是皇上的手迹。他
立刻预感到京都之中出了大事，因为皇上手诏之意，是要自
己尽快赶赴洛阳皇宫，显然就与前几天接到的要自己径直回
长安的诏书内容完全不同。数日之内，诏书就发生两变，这
是极为罕见的情况。他把使者辟邪唤到身边，详细询问一番，
终于对京城中发生的剧变有了粗略的了解。

司马懿做事，向来有"静如处子，动如脱兔"的兵家风
格。既然事关魏朝与自己的命运，他略作交待之后，立即登
上追锋车直奔洛阳。

所谓"追锋车"，乃是当时一种轻便快速的驿车，立乘，
驾二马。有紧急公事之官员乘用，换马不停车，其行若飞。
司马懿昼夜兼行，自汲县至洛阳四百余里，仅用了一天一夜
即赶到了。来到皇宫，司马懿不顾疲劳，迈动几乎冻僵的双

腿，进入嘉福殿皇帝的卧室，扑通一声便跪伏在皇帝面前。

气如游丝的曹叡，听到左右大声告诉他太尉司马公入见，眼睛慢慢睁开，又颤抖着伸出手。司马懿赶忙直起身去捧住皇上冰凉的手，两行清泪忍不住流了下来。这时，曹叡断断续续说道："朕以后事相托，君与曹爽辅少子……死竟然可忍，朕忍死待君……今得相见，无所憾恨矣……"

曹叡又挥手召齐王曹芳、秦王曹询入室，指着曹芳对司马懿叮咛道："此子是也，君审视之，切勿误认也！"说毕，又令曹芳上前与司马懿拥抱。此情此景，使得屠杀辽东近万人而脸不变、眼不眨的司马懿也悲伤不已。他再次跪伏顿首，颤声说道："陛下勿忧！陛下不见先帝昔日命臣辅佐陛下之事乎？"

接着曹叡下诏：册立齐王曹芳为皇太子。做完了这一切，当天，即景初三年（239年）正月初一日丁亥，曹叡便去世归天了。

大年初一头一天皇帝去世，司马懿顿时忙得不可开交，操办丧事，赶造陵墓，拥立新君，保卫宫殿，清理内政，加强边防，真可用"日理万机"四个字来形容。名列他之前的另一名辅臣曹爽，既无经验，又缺才干，只能在旁边帮衬帮衬，弄得司马懿如同在唱独角戏。好在司马懿不仅处事干练，以往又曾长期在尚书台处理过中央机务，熟悉国家机器的运作情况，而且更为难得的是，魏王曹操和魏文帝曹丕的大丧，他都亲身经历并参与操办，可谓对此老有经验也。因此之故，尽管事实上是他一人唱独角戏，他却能把一切处理得井井有条，毫无延误。人们看到他那勤勉尽职的模样，都暗中称赞他是大魏的社稷之臣。殊不知此时司马懿那颗"忠贞"之心，已经发生了微妙的变化。

以往有一种非常流行的看法，即认为司马懿自从进入官场就是奸狡凶残之徒，就有心迁移魏鼎，篡夺曹氏江山，他那"狼顾"之异相便是明证。但是，这种把人物脸谱化的看法，用生理上的异常情况去解释政治斗争的做法，不仅过于简单，甚至还有点幼稚。

司马氏代魏，是多种客观条件综合作用的结果。在客观条件毫不具备的情况下，司马懿不可能生出代魏篡国念头。平心而论，直到司马懿跪受魏明帝临终嘱托之时，他对魏室的忠诚，基本上还是可靠和可信的。但是，魏明帝归天之后，情况就不同了，因为至少有两方面的因素，促使他萌发出篡权移魏之心。

第一个因素，是他终于得知了辅政大臣人选确定的详细内幕。司马懿统兵在外，得到手诏后就一直飞驰入都觐见皇上，所以对京城中发生的一切不可能全部知晓，特别是一些至关重要的细节。他原本以为魏明帝一开始就把他列为辅政大臣，因为无论从哪一方面来衡量，自己都当之无愧。不料暗中通过各种途径一了解，才知道事实上并非如此。皇上亲自确定的第一份辅政大臣名单，任人唯亲，全都选用无才无德的庸人，独独把自己这位三朝元老排除在外。其后虽然改弦更张，选用了自己，却全靠刘放、孙资的力劝，并非原来就出自皇上的本心，而且中途又曾改变主意。还有一点令他寒心者，是让他给曹爽这个无名小辈、窳劣之才充当副手。想当初自己第一次出任辅政大臣时，曹爽才是一个乳臭未干的小儿。就是现今，此人的稚气也尚未脱尽。论年龄，曹爽还不及自己的长子司马师；论才干，他更远不如自己的两个儿子。就这样一个角色，自己却要事事与之商量，征得其首肯，真是荒唐可笑之至！自己尽心尽力为魏朝效命三十余年，内勤政事，外战疆场，功劳卓著，六十岁头上还栉风沐雨远征辽东，到头来这一切的一切，还当不了别人姓的那一个"曹"字，确实令人寒心！你既待我不义，我又何必要尽愚忠？从今之后，我也该为自己的儿孙经营一番了。此念既萌，司马懿便小心谨慎付诸实施，这是后话。

　　第二个因素，是他看到了曹氏家族势力的日渐衰落不振。东汉中期以来，地方大家族的势力急剧膨胀。东汉末年的群雄割据，实际上就是家族势力过度扩张的恶果。因此，参与逐鹿的群雄，大都有雄厚的家族势力作为凭借，建立魏朝的曹氏亦然。曹操之所以能扫平北方，得到曹氏家族及其亲族夏侯氏家族的全力支持，是重要原因之一。但是自曹丕代汉称帝起，由于养尊处优，宴安鸩毒，曹氏家族的后起子弟人数虽然在不断增多，智力素质与体力素质却在不断下降。其结果就是，年轻一代的杰出人物寥若晨星，皇室嫡支的男丁稀少，家族总体实力日渐削弱。作为追随曹氏政权三十余年的政坛耆宿，司马懿对曹氏家族的衰落看得最清楚。他亲身经历了曹操、曹丕、曹叡这三位曹氏家族代表人物的大丧，而一个家族的总体实力究竟如何，在其代表人物突然退出舞台的紧急开头，看其是否有一批后起的杰出成员稳定局势，即可清清楚楚，明明白白。曹操死时，不仅有三十四岁比较成熟的继承人曹丕，而且还有夏侯惇、曹仁、曹休、曹真、夏侯尚、曹洪等军界强人给予的有力支持。曹丕死时，继承人曹叡虽然不甚有经验，毕竟还是二十一岁的成年人。至于有力的支持者，尚有曹休、曹真和曹洪等人，总的来说情况已不如前，但还勉强过得去。曹叡死时，继承人是八岁的无知小儿，支持者中没有一位元老级人物，全是匆匆提拔上来的公子王孙或者纨绔子弟，真可谓"夕阳无限好，只是近黄昏"。面对日趋衰落的皇族，心怀不满的司马懿，自然而然会有取而代之的念头产生。再说三国鼎立，此时的魏国，又正面临着蜀、吴二国的联合进攻，如果目睹魏室之衰败而坐视不问，将来国家崩溃之日，自己和全家也难免要同受灭亡之祸。在这种进则收大利、退将受巨害的选择面前，老谋深算的司马懿，难道还会有什么犹豫吗？

　　总而言之，自从魏明帝死后，司马懿就不再是昔日的司马懿了。这正是：

宫廷再掌枢机日，便是生心代魏时。

　　要想知道司马懿内心出现了新念头之后，又会碰到哪些政坛的新考验，请看下文分解。

第十三章
钩心斗角

　　司马懿对曹魏皇朝生出了不臣之心，尚未付诸行动之时，曹爽却对他生出了排斥的念头，并且抢先下了手。两位辅政大臣之间长达十年之久的夺权斗争，至此拉开了第一幕。

　　小皇帝曹芳，是在魏明帝去世的当天即位的。加冕登基之后，大赦天下，尊称原皇后郭氏为皇太后，以大将军曹爽和太尉司马懿辅政。二人的官职都是四项，即侍中、假节、都督中外诸军、录尚书事，各领兵三千人，轮番住宿于皇宫之中，卫护幼帝。也就是说，魏朝的军权、政权和宫廷卫戍之权，均由曹爽和司马懿共掌。曹叡生前以为，这一青一老牵引的二驾马车，一定会运转得很正常，很稳定。可惜事与愿违，新皇帝登基才不过五十天整，马车便出了问题。

问题是由曹爽首先引起的。

曹爽，字昭伯，史传称他从小为人"谨重"，即做事谨慎稳重。但是，这只是他未曾得志时的情形。世间上的小才小器之人，往往一得志即完全改变常态，忘乎所以，曹爽也是如此。他年轻骤登高位，很快就露出轻浮躁竞之态来，以至于全然忘记了与他共事者是何等老辣的政坛角色。

刚刚共事的那些日子，他认为司马懿年高德劭，所以一直把对方视作父辈，每事必征求司马懿的意见，不敢独断专行。过了一些时候，曹爽对中央军政事务的处理渐渐熟悉，心想治理国家亦不过如此而已。老子所谓"治大国如烹小鲜"的谆谆告诫，不免有点胆小过度了。胆子一大，他便想培植羽翼，以求独断专行，不再唯他人的马首是瞻。他的想法，原本也不错，一国的首席辅政大臣岂能长期依附他人，如藤萝之绕傍大树呢？但是关键在于，发展自己的势力必须慎重，一定要以忠于魏室、为人沉稳、行事干练和素有威望这四项标准来确定人选。人不在多，而在于精。为了保证人选的合格性，要诀是不能操之过急。可惜的是，曹爽空有胆大的念头，而无深细的谋算。结果，他很快拉了一帮轻躁浮夸之人在身边，从而种下导致魏朝灭亡和他自己死于非命的巨大祸根。

曹爽引以为羽翼者主要有以下五人：

一是何晏。何晏，字平叔，乃荆州南阳郡宛县（今河南省南阳市，宛字的读音同"渊"）人氏。其祖何进，本出屠羊者之家，但因异母妹被立为东汉灵帝的皇后，故而得任大将军。东汉末年，何进谋诛宦官不成，反被宦官所杀。何晏自幼失父，随母家居。曹操得志之后，看到何晏的母亲风韵动人，不免春心荡漾，乃娶之为小妾，并收养何晏于王宫之中。何晏生长在后宫的脂粉队里，故而喜欢穿戴修饰，其衣着之华丽，足可与太子曹丕相媲美。为此，曹丕对何晏特别憎恶，经常斥之为"假子"，即赝品儿子。虽然何晏举止带妇人气，但他天资聪颖，在魏晋玄学的发展上有重要贡献，其学术著作《论语集解》流传后世，影响甚大。由于素受曹丕的白眼，何晏在曹丕、曹叡两朝都只充任闲散之职，颇不得意。

二是邓飏。邓飏，字玄茂，乃荆州南阳郡新野县（今河南省新野县）人氏。其先祖邓禹，曾辅佐东汉光武帝刘秀取得天下，名列云台二十八将之首，属于天字第一号的开国元勋。到了邓飏眼前，邓氏家族已经衰落，所以他急于求官沽利，以至于不择手段。明帝之时，他在中书省任中书郎，即暗中答应为一个名叫臧艾的人活动显要官职。臧艾感激涕零，立即把亡父的小妾送给邓飏作为酬报。不久，京师好事之人给他立了一块糟糕的口碑，说是"以官易妇邓玄茂"，讽刺他用官职交换小老婆，一时间流传遐迩。

三是丁谧。丁谧，字彦靖，乃豫州沛郡谯县（今安徽省亳州市）人氏。其父丁斐，以乡亲身份随从曹操起兵，虽多次贪赃犯法，总能得到曹操的原宥。丁谧为人不似其父那么贪财，他果毅多谋略，是同党五人之中智谋最为出色的一位。可惜他心胸狭窄，言行高傲，不仅与朝廷群公不能友好相处，就是与何晏、邓飏也不能和衷共济。对于曹爽，因其占据要津，丁谧才稍微尊敬一点。而曹爽则视他为智囊，言无不听，计无不从。

四是李胜。李胜，字公昭，乃荆州南阳郡（治所在今河南省南阳市）人氏。其父李休，本是汉中张鲁的部将，随同张鲁投降曹操后不得重用，致使李胜仕途不畅。为了重光门楣，李胜携带重金入京，专与贵公子交游，"座上客常满，樽中酒不空"。他与曹爽就在这时相识，从此结为至交。

五是毕轨。毕轨，字昭先，兖州东平郡（治所在今山东省东平县西南）人氏。少年时就有文才，其后成为太子曹叡的文学侍从之臣。曹叡继承帝位，他又充任皇帝的近侍。毕轨与曹爽夙昔交好，曹爽对他也是言听计从。

以上五人，虽也各具才名，但都有共同的致命弱点，即史传所评论的"急于富贵，趋时附势"。早在十年之前，他们就相聚在李胜的家中，与一帮贵家公子结成朋友，彼此品题吹嘘，企图借群体的力量打入政界上层。这种拉帮结派的现象，乃东汉党锢之风的异化，在当时有一个专门词语来形容，叫作"浮华交会"。一贯主张强化君权的魏明帝，对于浮华交会之风极为痛恨，所以在太和四年（230年）春天下了一道措辞非常严厉的诏书，把参与浮华交会者全部撤职，再不叙用。而今魏明帝不在人世，被废置多年的这五位角色暗中高兴不已。他们立即与曹爽重温旧好，向曹爽献忠心，纳诚款。曹爽也急于培植个人势力，当然非常欢迎。双方一拍即合，从此曹魏政坛形势为之一变。

五人成为曹爽的心腹之后，巴不得马上做出出色成绩来换取达官显职。工于心计的丁谧，率先向曹爽进言道："司马公有大志而甚得众心，其情难测，不可完全以诚心待之，须得有所防备。"其余诸人亦随之劝告曹爽，说是国家机柄，不宜委之于他人。曹爽深以为然，便与诸人密商对付司马懿的办法。丁谧早有成竹在胸，立即献上一计，曹爽听了不禁笑逐颜开，连连称善。

丁谧究竟献了一个什么样的妙计呢？

原来丁谧认为，司马懿与曹爽共同执掌的朝廷权力共有三项：即军权、政权和宫廷卫戍之权。一下子把三项权力都从对方手中夺走，不仅显得太过分，而且也很难办到，应当分步实施。司马懿长期统率戎马，战功卓著，故削夺其军权最为困难，此项暂可让其保留。现今第一步是要削夺其政权和宫廷卫戍之权，削夺的办法可以用"明尊暗抑"四个字来概括。

具体而言，是由曹爽以大将军的名义上奏皇帝，说是司马懿年高德劭，不宜屈居在自己之下，请求升任司马懿为太傅兼大司马，列位于全体朝臣之首。与此同时，曹爽则暗中活动一些朝臣，以历来曹魏皇朝出任大司马者，如曹仁、曹休和曹真，全都寿命不长为由，劝皇帝只授司马懿太傅之职。太傅太傅，即皇帝的道德师傅，其地位最为高贵，为朝廷百僚之首。在任命司马懿为太傅时，便把他录尚书台事和轮番守卫皇宫的任务加以取消，因为高贵如太傅者，自应养尊处优，不宜躬亲杂务。卸去这两项任务，司马懿即失掉了三项权力中的两项，而外表看来曹爽却非常之崇敬老前辈，推尊让贤，感人之至，这难道不是一条妙计吗？

定下妙计，只待良机。景初三年（239 年）仲春二月的中旬，也就是新皇帝登基一个半月之后，西域有使者来朝，献给魏朝皇帝许多奇珍异宝，引起朝廷的轰动。丁谧立即认为，良机来了！

汉魏时期所言的"西域"，兼有广狭二义。狭义之西域，系指玉门关、阳关以西，葱岭以东之地，大体包括今中国的新疆维吾尔自治区及中亚的巴尔喀什湖以南地区。广义之西域，则指凡通过狭义西域所能到达的地区，包括今亚洲中西部、印度半岛、欧洲东部甚至非洲北部。这次来朝的使者到达洛阳，史书记载要经过"重译"才能互通语言。所谓"重译"，即多次辗转翻译。早在魏文帝黄初三年（222 年），曹魏就重新开通了狭义西域，并设置官员管领狭义西域的数十个属国，彼此之间早有长期的交流，这是魏文帝曹丕的一项重大政绩。因此，如果是狭义西域诸国的使者来朝，不可能需要"重译"。既然需要"重译"，可见此次的来使，应当属于广义西域的使者，而且很可能来自印度半岛。何以见得呢？因为史籍记载他们所进献的礼品之中，有一种当时产于斯调国的宝物。而"斯调国"者，就在现今印度半岛之卫星岛国斯里兰卡故地也。

这种宝物，当时称为"火浣布"，应当就是今日的石棉布。石棉布在火中焚烧，上面附着之污物被烧去，本身毫无损伤，而且更加洁白，故以"火浣"二字形容之。火浣布在当时之中国是极为罕见之奇物，以至于魏文帝曹丕在其著作《典论》中曾经断言，天地之间绝无此种神物。现在而今眼目下，火浣布就摆在了魏国君臣的面前，人们莫不想亲眼看看其神奇功能究竟如何。八岁的小皇帝更是跃跃欲试，于是开金口，发玉言，慎而重之下诏，命令大将军曹爽、太尉司马懿，在建始殿前主持试验。

烈焰熊熊，使得在春寒料峭之中屏息端坐的衮衮诸公也充满暖意。只见两名殿前侍卫，横抬着一根长长的铁棍，铁棍中部，放置着一幅白色的布帛，长宽各数尺。侍卫看到大将军和太尉做出的手势后，便小心翼翼地把布帛移向烈火之上。很快，分立于火堆两侧的侍卫开始大汗淋漓，放置布帛的铁棍中央也发红变软。随着停止的手势，侍卫把布帛从火中移出。众人定睛一看，此布果然完好如初，而且似乎更加白皙，顿时殿堂之内响起一片惊叹欢呼之声。

远方来献异宝，证明大魏皇朝威德流播四海，群臣马上向小皇帝大唱颂歌，小皇帝也下令设宴款待百官。魏宫内外，一片喜气洋洋者也。曹爽觉得如此祥和的氛围，正好施行推尊老前辈之事。次日，他即向皇帝上了一通表章。表章由曹真一位工于笔翰的胞弟曹羲代撰。欲知古人如何隐藏杀机于漂亮言词之中，此文不可不读。请看第一段：

> 臣亡父真，奉事三朝，入备冢宰，出为上将。先帝以臣肺腑遗绪，奖饬拔擢，典兵禁省，进无忠恪积累之行，退无羔羊自公之节。先帝圣体不豫，臣虽奔走，侍疾尝药，曾无精诚翼日之应。猥与太尉懿，俱受遗诏，且惭且惧，靡所底告。

此段大意，是说自己无德无功，主要凭借宗室的亲缘和亡父曹真的功劳，得任辅政大臣，所以自感有说不出的惭愧和惧怕。这是欲扬先抑的笔法。

> 臣闻虞舜序贤，以稷、契为先；成汤褒功，以伊、吕为首。审选博举，优劣得所，斯诚辅世长民之大经，录勋报功之令典，自古以来，未之或缺。今臣虚阘，位冠朝首，顾惟越次，中心愧惕，敢竭愚情，陈写至实。

这一段引古比今，说是本应以功德大小来确定居官位次的先后，而自己无功无德，反居百僚之首，真是不好意思得很啊。想来想去，决定向皇上说一说真心话。此段承接上段，进一步贬抑自己，以便给下面奉承司马懿造成鲜明强烈的对比。

夫天下之达道者三，谓德、爵、齿也。懿本以高明中正，处上司之位，名足镇众，义足率下，一也。包怀大略，允文允武，仍立征伐之勋，遐迩归功，二也。万里旋旆，亲受遗诏，翼亮皇家，内外所向，三也。加之耆艾，纪纲邦国，体练朝政；论德则过于吉甫、樊仲；课功则逾于方叔、召虎；凡此数者，懿实兼之。

此段从道德、功勋、威望、年资、能力等各个方面，把司马懿着实恭维吹捧了一番。把一抑一扬的文章完全做足之后，接下来就图穷而匕见，把自己具体的想法说出了口：

臣抱空名而处其右，天下之人将谓臣以宗室见私，知进而不知退。陛下岐嶷，克明克类，如

> 有以察臣之言，臣以为宜以懿为太傅、大司马。
> 上昭陛下进贤之明，中显懿身文武之实，下使愚
> 臣免于谤讪。

曹爽说如果自己心安理得，职位居于司马懿之上，那么天下的人就会指责自己仅仅是凭借宗室亲属的关系受到恩宠。所以殷切希望陛下能够采纳我的建议，晋升司马懿为太傅、大司马。这样，就可以充分显示陛下重用贤才的英明，显示司马公文治武功的实际贡献，又还能使我免于众人的指责讥笑。

一切按照曹爽等人的预定设想进行。二月二十一日丁丑，小皇帝下达诏书，在反复说明本想任命司马懿为大司马，但因为此前担任大司马的臣僚，大都在位享年不永而不得不作罢之后，诏书写道：

> 太尉体道正直，尽忠三世，南擒孟达，西破
> 蜀虏，东灭公孙渊，功盖海内。昔周成建保傅之
> 官，近汉显宗崇宠邓禹，所以优隆俊乂，必有尊
> 也。其以太尉为太傅，持节统兵都督诸军事如故。

诏文也把司马懿大大颂扬了一番，但在至关紧要之处，

录尚书台事及卫戍宫廷的两项任务和权力没有了，只保留一项统领兵马的军权。这时，距离曹叡的死期刚好才过了五十天。

作为弥补，曹爽指点小皇帝给司马懿家庭以多种的优宠。司马懿本人，可以"入殿不趋，赞拜不名，剑履上殿"。在当时，大臣进入宫廷殿堂面见天子，先要解下腰间的佩剑，脱下脚上的鞋履；而今这一项免除了，就是所谓的"剑履上殿"。进入殿堂，按规矩还要小步快走上前，这称之为"趋"；现在这一项司马懿也免了，就叫"入殿不趋"。上前到皇帝面前跪拜行礼之时，旁边的司礼官员，要高声报出被召见大臣的名和"拜"字，例如"懿拜"，这一项也免了，这就是"赞拜不名"。以上三者，都是当时对大臣非同寻常的尊崇之举。

另外，司马家的婚嫁丧葬红白喜事，全部费用都由官方供给。司马懿的长公子司马师，赐官散骑常侍，成为皇帝身边的侍从长官；其余诸子，三人封侯，四人充任宫廷骑兵队的分队长。在外人看来，司马家真可谓是鸿运当头、福星高照了。

但是，当事人司马懿，对这一切却无动于衷。

在城西永安里那一座宏敞的太傅府邸内，有一处幽静的小园，其间绿竹当风，赤鲤戏水，是休憩身心的好地方。平时司马懿在摆脱繁剧的公务之后，常要到此小坐。自从接到升任太傅诏命三天以来，他除吃饭睡觉之外，一直在此独坐沉思。在这三天中，老于世故的司马懿，其情绪也经历了一个由烦乱而归于平静的过程。

开始的时候司马懿非常气恼。他不气皇帝，也不气曹爽，而是气他自己。想老夫年过花甲，宦海浮沉将近四十年，什么风浪没有见过？不料名震天下的谋略专家，到头来竟被一帮黄毛孺子布下圈套，真令人气不打一处来！此事若被史臣记入史册，岂不贻笑千古么？

紧接着他又深感后悔，后悔自己过于轻视对方。作为政坛老手，他岂不知"一山不藏二虎"，国之机柄不可能长期共同操控的道理？但是，他没有想到对方下手如此之快，如此之妙，如此之冠冕堂皇，结果自己吃了一个哑巴亏，有苦也说不出。起初他的注意力只集中在曹爽的身上，认为此人凡劣之至，受大任之时竟然汗出如浆，无言以对先帝，一定很容易对付。不料此人迅速交结了一批政坛失意之辈，为之出谋划策，自己吃亏就吃在未能严密注视对方的动态上。说一千道一万，咎由自取，完全怪不得他人。

最后他又自宽自解。他想，事已至此，千般烦恼，万般后悔，都于事无补了，只有沉着冷静面对现实才是正经。好在仅仅是折了头阵，并非大败亏输，所谓"亡羊补牢，未为晚也"，今后小心对付就是。再说这次屈居下风，或许还是一件好事，何以见得呢？一是使自己从此提高了警惕，避免今后受到更大的挫折。二是对方小人得志，必定猖狂，猖狂则要得罪朝廷的士大夫群体，这岂不为自己扩展势力创造了有利条件么？假设曹爽一如前些日子那般谦虚谨慎，必将博得朝廷大多数人的好感，到头来自己要想剪除曹氏势力，还未必下得了手。现在曹爽一帮家伙正是轻狂得意之时，就让他专擅政权去罢。待到他弄得天怒人怨之时，我再动手收拾此辈，岂非众心所向之举么？兵法所言的后发制人，此之谓也。

正当曹爽等人在大将军府邸的密室之中，举杯狂饮以庆祝眼前胜利的时候，独坐于太傅府中小园水榭的司马懿，已经大致预料到日后双方的结局。这正是：

今日风波初失利，明天后笑是何人？

要想知道接下来的司马懿，还会与曹爽等人有什么样激烈的明争暗斗，请看下文分解。

第十四章

南战荆扬

司马懿就任太傅之后，并没有老老实实去当皇帝的道德老师，"乾坤一腐儒"岂是他这种人物所追求的目标？年过花甲的他，在少帝曹芳正始二年（241年）和正始四年（243年），竟然还两次兴兵，先后亲自前往荆州的襄阳县（今湖北省襄阳市），扬州的庐江郡（治所在今安徽省六安市西北），上阵统兵作战。值得注意的是，这两次出军，都受到朝廷舆论的反对，司马懿始终坚持己见。事实上，他也的确没有必要两番亲自出马。那么他何以要违众兴兵？此中大有奥秘玄机，且听一一道来。

打从司马懿出任太傅起，他与曹爽长达十年之久的权力之争即拉开了序幕。

这一斗争，实质上是司马氏集团与曹氏集团的政坛大较量，关系到曹魏皇朝的生死存亡，也关系到西晋皇朝最初基础的奠定。

大体说来，两雄之争可以分为三个阶段。

第一阶段从景初三年（239年）起，至正始八年（247年）止。此时双方主要在暗中角力，表面上还维持着共同执政的虚架子。

第二阶段从正始八年（247年）五月起，至嘉平元年（249年）正月止。此时双方斗争趋于激烈化和表面化，司马懿公开称病不参预政事，以此麻痹对方，暗中却在蓄积力量，等待全力出击的时机。

第三阶段是在嘉平元年（249年）的正月间，七十一岁的司马懿风雷突发，给曹爽及其支持者以毁灭性的残酷打击，斗争以司马氏集团获得全胜而告终。

在第一阶段里，自然是曹爽占据了上风。他以明尊暗抑之法把司马懿的大部分权力架空之后，随即运用两手，巩固既得的胜势。其中的第一手，是把前述五名心腹党羽安插到行政机构的关键职位上，从而控制朝廷的施政权力。何晏、邓飏和丁谧三人，都安排到承办机要事务的尚书台充任尚书，其中何晏则负责至关紧要的吏部，掌管人事大权，以保证任人唯亲。上面有曹爽以"录尚书台事"的名义督察一切，下面有何、邓、丁三人具体承办众事，这尚书台不是成了曹爽的独家天下了吗？

至于毕轨和李胜，则分别担任了司隶校尉和河南尹。司隶校尉是京城洛阳所在州的州行政长官，河南尹则是京城洛阳所在郡的郡行政长官，均为地方行政职务中头等重要的职务。上控制中央机要，下控制京畿腹地，曹爽等人认为在抓政治权力上算是把文章做足了。

曹爽的第二手，是把自己的老弟们任命为皇帝的侍卫官长，完全掌握了军权当中的核心部分，即京城和宫廷的卫戍之权，从而把小皇帝和朝廷，牢牢掌控在自己手中。其大弟曹羲出任中领军，统领京城的全部禁卫军兵马，下辖武卫、中坚、中垒、五校四大营的精锐力量。其二弟曹训，则出任武卫将军，指挥武卫营的数千羽林健儿。武卫营是禁卫军四大营中的主力，其任务至关重要，是为皇帝提供贴身保护。其三弟曹彦，名义上是皇帝的侍讲官，但因他与皇帝日夕共处，所以实际上是曹爽安插在皇帝身边的耳目。曹爽其余未成年的小弟，亦以列侯身份，充任小皇帝的侍从人员。曹家兄弟，出入皇宫犹如出入自己家门一般随便，令世人艳羡不已。

屈居下风的司马懿，面对曹爽的两手，也被迫使用自己的两手来顽强对抗。他的两手，一是争取士大夫群体的广泛支持，争取的手段是树德与示恩，关于此点以后再详说。二是紧紧抓住军事权柄不放，而此点就与司马懿的两次违众出兵密切相关联了。

道理很简单，皇帝下诏任命司马懿为太傅时，虽然还给他保留了一个"持节统兵都督诸军事"的衔头和名分，但是如果他长期脱离疆场，不亲戎马，那么兵权就有可能丢掉。手中的三权已经被人夺走了两权，唯余一项最关紧要的兵权，还能不抓紧不放么？而抓紧的办法，便是找机会出征打仗，保持军界强人固有的形象和地位。既然是出于政治的目的，有意去找仗打，自然要选容易用兵获胜之处，进得去又出得来。当时曹魏的用兵之处，不是伐蜀，便是攻吴，此外别无选择。比较而言，伐蜀要翻越高峻的南山，即秦岭山脉，所以攻吴要比伐蜀容易进退。因此之故，司马懿出任太傅之后，每隔两年便出兵进攻孙吴一次，第一次进攻正南方的荆州，第二次进攻东南方的扬州，时间和地点都出自精心的考虑。

　　正始二年（241年）春，孙吴见到曹魏幼主临朝，政局不稳，遂有意发动一次较大规模的攻势。按照某些人的意见，主张全国动员，倾力一战，"乘胜逐北，以定华夏"。但是，老谋深算的孙权，不愿把江东的三世基业冒险拿来孤注一掷，只愿意进行一场有限战争。当年夏四月，吴军分四路向曹魏展开进攻。其中，大将朱然出袭荆州的樊城（今湖北省襄阳市樊城区），大将诸葛瑾出袭荆州的柤中（今湖北省宜城市与南漳县之间），大将诸葛恪出袭扬州的六安（今安徽省六安市东北），大将全琮出袭扬州的淮南郡（治所在今安徽省合肥市西北），四路并进，来势汹汹。曹魏方面得报，连忙分兵抵挡。经过几番交锋，四路吴军有三路被杀退，唯余朱然一军紧紧围住樊城不放。

　　朱然，字义封，扬州丹杨郡故鄣县（今浙江省安吉县西北）人氏。其人身形不高，但胆大心细，临阵沉着，是孙吴优秀的后辈名将之一。他的墓穴已在安徽省的马鞍山市发现，出土了一大批珍贵的文物，现今已经建成正规的博物馆，是著名的三国历史遗迹地。他此番率兵五万进攻樊城，志在必得。这樊城虽然不是正式的县，但在军事上的地位却异常重要。樊城与荆北的重镇襄阳，分居汉水北、南两岸，隔水相望。如果攻占了北岸边的樊城，就完全阻断了南岸襄阳与中原的联系，襄阳势难保全。因此之故，当时凡从南面来攻襄阳者，往往不就近直接进攻汉水南岸的襄阳城，而是要先绕至北岸进攻樊城。建安二十四年（219年）秋，蜀汉大将关羽北攻襄阳时，先行在樊城水淹七军，用的就是此法。而今朱然依样画葫芦，集中兵力把樊城围定，意欲得手后再吃襄阳这块大肥肉。由于樊城地势较低，易受汉水的淹没，在五万精兵的轮番进攻之下，情势危急非常。

曹魏的荆州刺史兼振威将军胡质闻讯，急率本部兵马万人，从三百里外的州治宛县（治所在今河南省南阳市）南下救援。曹魏边境的州、郡行政长官，照例要领兵戍边，故而兼有军衔。胡质决定轻装南下，一些部属认为不妥，因为敌众我寡，战必无利。胡质答道："樊城地势卑下，兵力不多，所以急需进军以为外援，否则危险之至！"于是轻兵急进，企图截断吴军后路。樊城守军得知，军心大振。那朱然果然胆气不凡，一面分兵阻击胡质，一面继续强攻樊城，双方依然连兵不解。

于是乎，司马懿找到了领兵出征的第一个机会。

六十三岁的老太傅自请挂帅解救樊城，朝廷官员大都认为无此必要，他们纷纷劝阻说："敌军远来进攻樊城，不可能很快成功。如今其攻势一再受挫，军心开始涣散，呈不攻自破之形，大可不必再兴师动众了。"

司马懿当然有他一套冠冕堂皇的理由。他说："兵书有云：'将能而御之，此为縻军；不能而任之，此为覆军。'今边疆骚动，民心疑惑，此乃社稷之大忧，岂可安坐庙堂而不救？"

众人心里暗想：即使要救，区区樊城也无须劳动尊驾呀，司马公是不是三年没有带兵打仗，发了打仗的瘾了？于是都闭口不言。大将军曹爽假意劝阻一番后也不再坚持，因为他心腹们的意见以为：时当盛暑，年过花甲的司马公跋山涉水，露宿风餐，千里奔波，休说交战时可能被敌军杀死，就是累也很可能把他累死。我们不是巴不得他早点归天么？那就让他去过打仗的瘾好了，阻挡他作甚呢？

炎夏六月，赤日如火焰炙烤着中原大地。魏朝太傅兼都督中外诸军事司马懿，持节统领数万大军救援樊城。出兵之日，曹爽陪同小皇帝，并率文武百官，一直把司马懿送出洛阳城郊。身着全套官服的曹魏君臣无不大汗淋漓，身着全套甲胄的出征将士也无不大汗淋漓。临别之际，小皇帝曹芳嘱咐太傅保重，此乃真心；大将军曹爽嘱咐太傅保重，却是假意；百官纷纷嘱咐太傅保重，其心有真也有假。司马懿心明如镜，一概表示感谢，然后断然登车南去。

半个月后，司马懿援军逼近樊城。朱然没有料到曹魏竟出动军界天字第一号元老重将，加之吴军普遍疲劳不堪，遂在一个深夜主动下令撤退。司马懿得报，立即派出精锐骑兵跟踪追击，一直追到边境的三州口（在今湖北省宜城市），先后俘斩敌军千余人，并缴获大量船只军械。至此，樊城之围彻底解除。

俘斩千余人，对于司马懿而言，实在算不上多大的辉煌战果。不过，打从曹操时起，曹魏的军中惯例就有一项，即凡破敌之后上报的公文，为了显示战果的辉煌，杀敌人数一律以一报十，以百报千，扩大十倍。这样一来，司马懿出兵的战果，在史书上的记载也就成了"斩获万余人"，看起来算是比较辉煌的了。报捷文书送到洛阳，曹爽颇感意外，心想这老家伙怎么没有热昏累死？不过，事已至此，也还得装装模样，于是指点小皇帝派遣特使前往荆州劳军。

七月间司马懿凯旋回京，皇帝又下诏：把司马懿的封邑再增加两县，一共是四个县，共计一万户；其子弟十一人，全部封为侯爵。兴旺景象如同鲜花着锦，烈火烹油。但是，司马懿把这一切看得很淡然，他知道这些封赏的背后，有多少双不怀好意的眼睛。他还不能向儿子们完全透露自己内心深处的想法，他只是不断提醒和告诫子弟们说："盛满者，道家之所忌。天地四时，犹有推移变迁。望汝等自强自爱，戒骄戒躁。损之而又损之，庶几可以保全家门了！"

转眼间便是两年过去。

正始四年（243年）秋九月，司马懿再一次统兵离京，亲履戎行。这一年，他已六十五岁。

此次出兵的理由，深究起来也相当勉强。此前一年，孙吴的威北将军诸葛恪，在长江北岸邻近曹魏辖境的皖口（今安徽省安庆市）地区，实行屯田，且耕且守，积聚了不少的军粮。这诸葛恪字元逊，乃孙吴大将军诸葛瑾的嫡长子，而诸葛瑾便是蜀汉丞相诸葛亮的同胞长兄。诸葛恪年轻能干，勇于进取，在孙吴后起将领之中属于风头最健的人物。皖口城坚池深，本为孙吴江北军事要塞之一。现今诸葛恪又有了充足的军粮，基础雄厚，便频频出兵骚扰曹魏的边境。对于这样的麻烦，派一个二等将领去对付就可以了。但是，司马懿坚持要由自己去教训诸葛恪这个后生小子。朝廷群公又认为大可不必，当然，他们口中说出的是另外一套理由："诸葛恪据坚城，积粮谷，其目的正是要引诱我军。今悬军远攻，将中其计。若其大军来救，进退两难，尚望三思！"

司马懿成竹在胸，当即答道："敌军长于舟楫，吾今攻之，以观其变。设若诸葛恪用其所长，弃城由水路退走，则吾将不战而胜。设若其敢于据城固守，此时入冬水浅，舟楫难行，势必由陆路来救。敌军弃长用短，亦吾之利也！"

面对司马懿的用兵理由，群公无言以对。曹爽等人却有点生疑：这老家伙一再要违众出兵，其中难道有什么鬼花样？诸人琢磨了许久，都不得要领。到头来还是丁谧品出了一点味道，觉得老家伙或许是驽马恋栈，舍不得放弃兵权，才有此种举动吧。基于这种判断，曹爽决定把此事拖一拖再说。曹爽不加指点，小皇帝不会下诏；小皇帝不下诏，司马懿也出不了兵。这一拖便拖到了第二年的秋天。

正始四年（243年）九月，前方传来情报，说是诸葛恪气焰日益嚣张，最近不断派遣间谍深入我境，探察道路，似乎想要对我扬州的州治寿春（今安徽省寿县）实施偷袭。司马懿立即抓住机会，重申前议。曹爽等人密谋一番，认为让司马懿出兵利大于弊，因为现今皖口的诸葛恪，远不像樊城的朱然好对付。首先，在地理上樊城位于我方境内，而皖口却在敌境之中。其次，在距离上，皖口要比樊城远一倍不止，单程亦近两千里之遥。第三，朱然是远来攻城，而诸葛恪却是据城待我，攻守势异，难易也完全不同。总而言之，这块硬骨头够他老家伙啃的，何况还是跋山涉水两千里去啃呢。他执意要啃，就让他去啃好了。如果啃掉了老牙，看他还有何脸面回转京都。

次日，皇帝便下达了命太傅出征的诏令。

时维九月，序属三秋。潦水尽而寒潭清，烟光凝而暮山紫。司马懿在数万铁骑的簇拥之下，浩浩荡荡杀往扬州，一直前进到位于魏吴边境上的舒县（今安徽省庐江县西南）方才停住。这舒城乃顾曲周郎即周公瑾之故乡，南距皖口已不到二百里。一路之上，司马懿一面欣赏川原秋色，一面思考此番用兵的方略。他觉得有一现象很是有趣，即近数年来自己似乎和诸葛家的人很有缘分，一而再，再而三，在战场上打交道。最先是在关陇与诸葛亮对垒。前年朱然攻樊城，配合朱然行动者是诸葛亮的大哥诸葛瑾。现今又碰上了诸葛瑾的儿子诸葛恪。诸葛瑾用兵远不及他的胞弟，但不知他的儿子手段如何。此番前去皖口，老夫倒要和这位后生较量较量。司马懿就这么边看边想，不知不觉间便来到了舒城地界。

司马懿在舒城休整士卒，部署计划，一心想给诸葛恪来一个下马威。就在攻击行动正要发起之际，前方侦察人员送来一个意外的消息：诸葛恪率军跑了！

这是怎么一回事呢？

原来，内中有一个望气师在起作用。

当时所谓的"望气"，乃"候望风气"的简称。地面之上吹拂的风，天空蒸腾的云雾，合称为"风气"。当时有一种人，专门观察风气的走向、大小、形状、颜色、变化等情况，从而占卜人间的吉凶，这种人叫作望气师。东吴的地域濒临东海，而秦汉以来，滨海地区有一个值得注意的文化现象，就是最信怪力乱神，东吴的皇帝孙权便是如此。孙权信神信巫，更信望气之术。因为他在当初得势时，即有一个名叫吴范的著名望气师对他说，江南有王气上凌于天，当有帝王兴，其后自己果然当了皇帝。司马懿率军南下，孙权正准备发兵援助诸葛恪，不料望气师装模作样朝天地之间瞭望了好一阵之后，作出预言说：风气征象对吴军不利，战必大败。孙权心存畏惧，不仅停止从后方调发援兵，而且还命令驻守皖口的诸葛恪，放弃城池撤退到上游的柴桑（今江西省九江市西）。诸葛恪本来就不愿意同大名鼎鼎的沙场老将司马懿一决雌雄，所以接到命令后，立即烧掉多余的军事物资，率部弃城登舟，撤往上游四百里外的柴桑去了。

在现代的人看来，孙权此举实在愚蠢荒唐，可笑之极，而且也与他在赤壁抗曹时所表现出来的英雄气概相去甚远。但是，如果知道当代美利坚合众国有的总统，过去在发表重要演说之时，也要先请女星相家预卜时日，那么孙权迷信望气师的预测，又何足为奇呢？

派人证实诸葛恪撤走的消息确非虚言之后，司马懿又是高兴又是遗憾。老夫出朝，地动山摇；黄毛孺子，望风而逃。不战即退敌之兵，试问魏朝之中，谁有这等声威和本事？大魏的兵权不该我掌又该谁掌？但是高兴之余，他又为自己未能与诸葛恪交锋感到遗憾，总觉得辜负了自己一路上设计好的满腹妙计奇谋。

舒城狭小，大军不能久驻，所以司马懿随即也下令北归。好不容易才争取到统兵出朝的机会，自不能匆匆忙忙又赶回京都。以什么理由逗留在外呢？他终于想到一条：就是部署淮北地区的屯田事务。

早在六七年前他当太尉之时，司马懿就提拔了一位出身农家的非凡人物，此人姓邓，名艾，字士载，荆州南阳郡棘阳县（今河南省南阳市南）人氏。邓艾是一个军事奇才，他曾建议在淮水以北的颍水流域广开屯田，作为向孙吴用兵的基础。司马懿非常赏识他的建议，表示大力支持。这原本就是一项关乎大局的要务，现今，司马懿决定趁此机会亲自部署并监督施行。于是，他在颍水南北规划地域，部署人力，兴修渠堰，建造仓库，办起了曹魏规模最大的一处屯田区。从此，自扬州州治寿春直到京城洛阳的千里途中，屯田兵民连属不断，在物资上为日后消灭孙吴提供了极其有利的先决条件。到了现今，淮河两岸的沃野平原，依然是我国著名的千里粮仓，追根溯源，就是从那时发展而来。

四个月后，司马懿才回到京城洛阳。

司马懿再度凯旋，声誉更隆。曹爽这位大将军就有些坐不住了，也想邯郸学步，在战场捞一点政治资本。李胜与邓飏马上向他建议：伐蜀以立功。曹爽哪里看得出这是一个馊主意呢，立即下了决心。正始五年（244年）春三月，也就是司马懿回京两个月后，曹爽也兴兵六七万，取道秦岭的骆谷，进攻蜀国的汉中郡（治所在今陕西省汉中市）。结果，在数万蜀军的前堵后击之下，魏军一败再败。当年五月，曹爽经过苦战，才得以保住性命退回长安。他兴师动众所赢得的，只是朝野内外的一片指责和讥评。

自此之后，恼羞成怒的曹爽，再也不同意司马懿统兵出征。两人之间的权力之争，因此也迅速趋于激烈化和表面化。这正是：

学步邯郸成笑柄，钩心斗角更升温。

要想知道司马懿与曹爽，接下来又如何出招斗法，施展拳脚，请看下文分解。

第十五章
上书称病

　　曹爽兴兵伐蜀之前，司马懿曾经竭力阻止过。

　　当时由关中向南翻越秦岭进入汉中，从东到西主要通道有如下四条：子午道、傥骆道、褒斜道、陈仓道。无论走其中的任何一条，道路都崎岖险阻到了极点，大兵团在此根本发挥不出优势作用，因此，伐蜀要比伐吴难以取得成功。十四年前，司马懿就曾与曹爽之父曹真合攻汉中，结果是无功而返。从那时起，司马懿就对伐蜀的困难性有了深刻的认识。曹爽的才能，远逊于其父，司马懿对此也很清楚。所以司马懿竭力阻止曹爽伐蜀，即便是含有私心的成分，其主旨却还是为了公利。

曹爽大军进入傥骆谷道之后，在兴势（在今陕西省洋县北）一带受到蜀将王平的强力阻击，而蜀军主帅费祎则进兵兴势以北的三岭，意欲断绝魏军的后路，来一个关门打狗。在此危急之时，司马懿给前线魏军的副统帅夏侯玄，发去快信一封，信上写道：

昔武皇帝再入汉中，几至大败，君所知也。今兴势至险，蜀已先据。若进不获战，退见激绝，覆军必矣，将何以任其责？

这夏侯玄，字太初，出自曹氏的亲族夏侯氏。其人本是擅长玄学的清谈名士领袖，而非驰骋疆场，决胜千里的将才。司马懿之所以要写信给他，一是因他在曹爽面前说得上话，二是因他的胞妹，就是司马懿长子司马师之妻，彼此有利害的关系。司马懿的信大意是说，过去曹操在汉中用兵，就遭到了失败，现今蜀军已经占据险要的兴势，你们处在进不能战，退则被截击的全军覆没境地，到时候怎样承担如此重大的责任？夏侯玄得到姻伯的信，心中忧惧，果然力劝曹爽撤军。

曹爽撤军途中，心中充满了恼怒的情绪，他想：你司马懿两度出师，都取得出乎我意料的胜利，而自己初次统领大军亲临疆场，却取得在司马懿预料之中的失败，这鲜明的对比，真是气煞我也！回到京城洛阳，朝野内外的一片指责和讥评，又在他心中加上了一重危机感。为了巩固自己的地位，曹爽便针对司马懿日渐上升的势头，采取了若干反击的措施。

第一项措施，是把郭太后迁回其本宫。这又是智囊丁谧出的主意，对司马懿而言算得上致命的一击，从此司马懿对丁谧恨之入骨。郭太后是一个妇道人家，在皇家的深宫里面迁移自己的住处，与宫廷之外的男性官员司马懿有什么关系呢？不仅普通人难以理解，连很多学者对此也语焉不详。其实，此事大有玄机，说起来话长。

郭太后乃魏明帝曹叡的正宫皇后，凉州西平郡（治所在今青海省西宁市）人氏。小皇帝曹芳，系明帝的养子，并非郭氏所生。曹芳继位之后，依例尊称郭氏为皇太后。当时魏朝的皇宫之中，由皇太后常住的寝宫，专门名称叫作"永宁宫"。由于皇帝年幼，不能亲理政事，所以自魏明帝死后，郭太后并未居住在皇太后常住的本宫，即永宁宫，而是同八岁的小皇帝一起，住在皇帝自己的寝宫之中。这样一来，辅政大臣凡有大事须请皇上定夺者，都是先向郭太后请示，然后以皇帝的名义下达诏令施行之。也就是说，郭太后实际上是一位临朝听政的女君主，虽不如后来唐朝武则天、清朝慈禧太后那么专权自恣，其话语权也还有举足轻重的分量。

曹爽以诸弟控制小皇帝，司马懿相应以对，积极和郭太后搞好关系。郭太后没有亲生儿女，所以非常宠爱两个亲侄儿，即郭德、郭建。从稍后郭德娶了司马师之女为妻，妻死又续娶司马昭之女一事来看，司马懿与郭太后之间乃是姻亲，关系肯定是相当的良好和谐。

太傅与太后接近，对曹爽当然是一手厉害的杀着棋。既然无法阻断太傅向太后靠近，那么唯一的化解办法，便是阻断太后对皇帝的影响，取消她在政治上的话语权。正始八年（247年）四月，曹爽等人以皇帝已经十六岁，可以独立视事听政为由，逼迫郭太后移出皇帝的寝宫，迁回到太后专有的寝宫永宁宫。司马懿苦心孤诣走出的一步妙招，至此基本上被对方所化解，所以他对此气恨不已。

第二项措施，是撤销京城禁卫军四大营中的中坚和中垒两大营。这件事情，学者也大多语焉不详。其实，此举对司马懿的打击也不小，为什么呢？要了解此事的奥秘，先得弄明白当时京城禁卫军的组织系统。

当初魏文帝曹丕继承父位之初，曾对禁卫军的体制做出规定。禁卫军分为武卫、中垒、五校三大营。武卫营的指挥官为武卫将军，中垒营的指挥官为中垒将军，而五校营拥有五支分队，故而指挥官也有五位，即屯骑校尉、步兵校尉、射声校尉、越骑校尉和长水校尉，分别统领所属的分队。大约在魏明帝时，又新增设一个中坚大营，其指挥官为中坚将军，至此禁卫军扩充为四大营。在此禁卫四大营之上，又设置了中领军和中护军两位司令官。中领军是统率全部京城禁卫军的最高长官。中护军是辅佐中领军的副司令官，他除了处理禁卫军事务外，还负责曹魏军界全部军事将领的选拔和提升，握有很大的人事实权。中领军和中护军，不仅居高指挥，而且还分别具体分管四大营的兵马。其中，武卫、中坚两大营归属中领军分管，而中垒、五校两大营归属中护军分管。

曹爽辅政不久，即把自己的胞弟曹羲和曹训，分别安插到中领军和武卫将军的位置上，以便控制京城禁卫的兵权。作为一种抗争，经过几年的不懈努力，司马懿终于在正始四年（243年）左右，为自己的长子司马师活动到了中护军的重要职务，从而在禁卫军中也伸进了一只脚。

而今曹爽的打算，就是要把司马懿伸进来的这只脚，砍掉其大脚趾，让其成为一只残脚或跛脚。

　　于是乎，他在正始六年（245年）秋八月，奏请皇帝批准，以若干冠冕堂皇的理由，宣布撤销中坚、中垒两大营的编制，两大营的兵马，整编为一支直属部队，由中领军曹羲指挥。至此就可以明白，这实质上就是从中护军司马师监管的中垒、五校两大营中，抢走了精锐的中垒营，只给对方留下了一个五校营。由于五校营的兵力最为单薄，五支分队的兵力总数，也不过三千五百人左右，而且下面还有五位分队指挥官掣肘，这样一来，中护军司马师手中所掌控的禁卫兵权，就几乎被完全抽空了。对于此事，司马懿曾经以不能破坏先帝定下的制度为由，坚决进行反对，但是并没有成功。

　　单从以上两件事情即可清楚地看出：为了巩固自身的权力和地位，曹爽等人真是煞费苦心，绞尽脑汁，而且也确实走出了一两步好棋。但是，从总体上看，迄今为止，他们的全部努力，都只集中在削弱对方这一面上，而完全忽略了另一面，即壮大自己。削弱对方和壮大自己，在任何场合都是克敌制胜的两大法宝，缺一不可。而曹爽的基本力量，至今仍然限于他的诸弟和何晏等“五大金刚”，并无明显的扩展。那么究竟是没有其他力量可资发展了呢？还是没有人在这方面点醒他呢？两个问题的答案都是"否"。

事实上，当时至少还有两支力量是曹爽应当着力争取的。第一支力量是除曹爽一家以外的曹氏宗亲，第二支力量是除"五大金刚"以外的广大士大夫阶层。而在这方面提醒他的也有人在，此人非他，即是与曹爽有一笔难写两个曹字之亲的曹冏。

曹冏，字元首，乃曹爽之族父。他是一个在政治上相当敏锐而且有独立见解的人物。自从曹丕代汉称帝以来，由于他本人在当初，曾经与胞弟曹植在担任继承人上竞争激烈，导致魏朝在政治上对待宗室近亲之刻薄，可谓前朝所未有。《三国志》的作者陈寿，就专门对此评说道：

> 魏氏王公，既徒有国土之名，而无社稷之实，又禁防壅隔，同于囹圄；位号靡定，大小岁易；骨肉之恩乖，《常棣》之义废。为法之弊，一至于此乎！

意思是说，曹魏皇朝的宗室王爵、公爵，不仅徒有封国土地的虚名，没有各自封国的实际土地，而且还有措施严厉的管辖分隔，就如同关在监狱之中一般；爵位和名称也不固定，或大或小每年都在变动；骨肉之间的亲情淡薄，兄弟之间的友爱不再存在。制定法规而造成的弊端，竟然到了如此糟糕的地步吗！

到了少帝曹芳之时，曹氏宗室近亲在政治上遭受排斥的状况仍然如昔。此时，皇帝幼稚，司马氏势力严重威胁到皇朝前途，而辅政的曹爽却只知道搞小集团，不思壮大自己之办法，就连同姓的宗亲也不愿意依靠。曹冏深以为大忧，遂在正始四年（243年）向皇帝上书一道，直陈己见。虽说此书是上给皇帝的，实际上却是给曹爽看的，目的在于点醒这位身系皇朝安危之人。在上书中，曹冏以将近两千字的篇幅，纵论夏、商、周、秦、汉、魏六代，在树立宗室屏藩方面的得失利弊，见解深刻，文笔老到，是一篇可以独立传世的大好文章。《昭明文选》把此文收入集中，题名为《六代论》。在议论之前，曹冏写了一段措辞非常痛切尖锐的引言：

《诗》不云乎，"鹡鸰在原，兄弟急难"。以斯言之，明兄弟相救于丧乱之际，同心于忧祸之间，虽有阋墙之忿，不忘御侮之事。何则？忧患同也。今则不然，或任而不重，或释而不仕，一旦疆场称警，关门反拒，股肱不扶，胸心无卫。臣窃惟

此，寝不安席，思献丹诚，贡策朱阙。

大意是说，儒家经典《诗经》上就说过，世间上只有像兄弟一样的亲族才是最可信赖的，而现今的曹氏亲族，大受冷落，或者担任官职而不重要，或者根本就被排除在政坛之外，一旦外部势力入侵，出现危急情况，完全没有强劲的支持力量，令我忧心忡忡，所以要贡献这篇良策。

可悲的是，言者谆谆而听者藐藐。俗语云："棒打愚人不醒。"愚人连棍棒都打不醒，何论文辞！曹囧"一封书奏九重天"，得到的却是"泥牛入海无消息"。

如果曹爽对同姓宗亲这支力量都根本不予重视，那么对异姓士大夫阶层的态度如何，更是可想而知。此处仅举一例，以见一斑。

当时何晏担任吏部尚书，未能利用人事之权争取有政治影响的士大夫，于是黄门侍郎傅嘏，向曹爽之弟曹羲进言道："何平叔外静而内铦巧，好利，不念务本。吾恐必先惑子兄弟，仁人将远，而朝政废矣！"说是何晏外表平静而内心奸巧，嗜好个人私利，不考虑树立根本。我担心他必将先迷惑你们兄弟，仁义之人将会远离你们，最后朝政就完全荒废了！

傅嘏，字兰石，雍州北地郡泥阳县（今陕西省耀县南）

人氏。北地泥阳傅氏，系西汉名将傅介子的后裔，乃当地名门大族。傅嘏出身世家，早有名誉，具有政治才干，算是曹魏朝廷一位有潜力的政治人物。他向曹羲指出何晏"不念务本"的毛病，并说这会造成"仁人将远"的恶果，其批评完全切中了要害。除此之外，傅嘏言外之音，多少也含有自托于曹爽的意思。但是，曹爽听了老弟的转告，并不以傅嘏之言为然，并且随随便便就把傅嘏的批评透露给何晏等人。何晏暗中含恨，便借小事罢免了傅嘏黄门侍郎的官职。这样一来，曹爽不听良言不说，竟然又把一个能争取到手的有价值人物推了出去。

曹爽等人不仅不知道向外争取大多数士大夫的支持，而且也不知道保持小集团内部的团结合作。何晏出任吏部尚书，丁谧就大不服气，每每与之"争衡"，抢夺用人之权。黄门侍郎一职出缺，何晏要用王弼，丁谧却要用王黎。曹爽依从丁谧，何晏"为之叹恨"，久久不已。

对手这一切作为及其致命弱点，都逃不过司马懿那一双冷静注视的犀利眼睛。而朝廷士大夫中对曹爽等人的窃窃私议，也逃不过他那一对细心谛听的敏感耳朵。同时，他那一副善于思考的高智商头脑，也在设计下一步的对策。

多年来的用兵经验使他懂得：凡敌方之好招数，即我方之好招数。曹爽不去争取士大夫，我即应去争取士大夫。就目前的情况来看，对方的势力大体同我相当，因此，谁将成为最后的胜利者，很大程度上取决于谁能赢得大多数士大夫的支持。而要争取到士大夫的支持，主动前去笼络自然是有效手段之一。但是，还有没有更好的招数和办法呢？

这是正始八年（247 年）的暮春三月，太傅府中的小园，早已是繁花争放，一片姹紫嫣红。司马懿独步园中，一面领略这无限春光，一面思索着常萦心怀的老问题。突然一个念头冒了出来：如果说现今我还在政坛上与对方角力，对方也没有想到要争取士大夫支持的话，那么我暂时称病不干预政事，让他们完全独操权柄一段时间，将会怎么样呢？

失去了危机感，对方必将为所欲为；而为所欲为，必将破坏现存的政治格局，危及朝廷士大夫中多数人的利益，招致他们的反感；一旦士大夫中多数人反感他们，那就必将倾向于支持自己，《孟子》中云"为渊驱鱼，为丛驱雀"，即此之谓也。再者，称病不预政事，还可充分麻痹对方，我则能充分选择适当时机，施行突然反击，置敌于死地，这又符合《孙子》中"攻其无备，出其不意"的战理。看来，暂时称病不预政事，倒不失为一步以退为进的妙手。要想对付眼下对方咄咄逼人的进攻，这在当前可供选择的应对招数之中，可能是最好的一着了。

当然，装病须装得自然，令人深信不疑，否则便会弄巧成拙。此时的司马懿年已六十九岁，装病的条件很不错，何况他在几十年就用此办法应对过曹操，乃是此道的老手了。余下的问题，是要找一个合适的机会。

一个月后，机会被他等来了。正始八年（247 年）四月，司马懿的嫡室夫人张春华，也就是被他辱骂为"令人憎恶的老东西"者，因病离开人世，终年五十九岁。老有经验的司马懿，立刻觉得这是一个称病的好机会。尽管他与张氏已经恩断情绝，他却能做出一副悲痛万分的模样，令那些受命前来帮助操办丧事的有关官员也感动不已。

前面说过，司马懿享有一项优待，即婚丧大事一律由官方负责费用并协助办理。官方既然来人，他正好进行表演以制造舆论。于是，丧事刚刚了结，一个消息便在朝中传开：年近古稀的司马老太傅，因悲伤操劳过度，已患重病卧床不起了。

五月间，卧病半个多月的太傅司马懿，正式向皇帝上书一封，自称年老病重，无法参预政事，请求在家调养。十六岁的小皇帝闻说自己的辅导老师病势严重，心中不安，当即给予允准。同时，又隔三岔五地派遣宫廷使者前往太傅府慰问看望，送医送药，这也无须细说。

真正有病是苦事，无病装病同样也是苦事。此番司马懿装病是否成功，关系重大，所以也还不能像从前那次一样，采取对外人装而对家内人不装的办法，因为现今府内上下的人多，极易走漏消息。做事一贯周密的司马懿，从一开始就下决心彻底装病，即对外、对内一装到底，全都瞒过。这样一来，就更是苦事一桩了。好在他这个人性格的坚忍异常，在整个三国时期也少见。早年装病忍得住曹操针刺的疼痛，后来打仗忍得住诸葛先生施加的奇耻大辱，现今为了司马氏家族的生死存亡，岂有忍不住僵卧病榻之苦的道理？因此，从正始八年（247年）五月起，到嘉平元年（249年）正月止，司马懿竟然在病榻之上度过了二十个月的时光。其他都不说，单单是这样一种忍耐功夫，也真是万分了得也。

这二十个月，是决定曹魏皇朝命运的关键时期，也是决定后来历史走向的关键时期。这正是：

太傅高龄装假病，静观对手又如何。

要想知道司马懿痛苦装病，瞒不瞒得过对手，他又如何暗蓄杀机于病榻之上，请看下文分解。

第十六章

暗蓄杀机

　　司马懿偃卧于病榻之上，虽是一件苦事，却使他有极为充分的时间来考虑置敌于死地的计划。可以说，自他称病不预政事的那一天起，这个外表衰弱苍老不堪之人的心中，无时无刻不在酝酿可怕的杀机。

　　他的长子司马师、次子司马昭，则是其得力的助手，名副其实的左膀右臂。

　　司马师，字子元，史书称他是"雅有风采，沉毅多大略，少流美誉"。当初他也曾以贵公子游于李胜之堂，与夏侯玄、何晏等浮华之士交友齐名，何晏经常褒赞他预见机会的超常能力，说是"唯机也能成天下之务，司马子元是也"。魏明帝贬责浮华，他必定受到相当的影响。因为据《晋书》所载，司马师初次出仕，是在景初三年（239年）二月魏明帝死后，当时他已三十二岁。以司马懿的地位和资历，其嫡长子决不会晚到三十出头等到严斥浮华的魏明帝死后，才得到一官半职。从那以后，司马师便与浮华交会之友完全断绝往来，专心专意为自己的家族谋取政治利益。

司马昭，字子上，乃司马师的同胞兄弟，两人年纪相差三岁。他自正始元年（240年）入仕，先后出任洛阳典农中郎将、散骑常侍、征蜀将军、议郎等职务。他在沉着果断上虽不及其兄，然而在做事细密，善于矫饰上又似其父。两兄弟一刚一柔，堪称一对绝好的搭档。

对于这两个儿子，司马懿不仅悉心培养，而且设法把他们安排到了重要的位置上。长子司马师，时任中护军，负责曹魏全军的人事选拔和禁卫军指挥。次子司马昭，时任议郎，在皇帝身边侍从，随时顾问应对。通过司马师，可以插手军界事务；通过司马昭，可以掌握宫廷动态。有此二子为耳目，司马懿虽然足不出户，对朝廷政事的大小变化，依旧了如指掌。

但是，司马师的作用还不限于为老父充当耳目。

首先，他是老父的参谋。司马懿起心诛灭曹爽等人之后，深谋秘策，都只与司马师一人暗中筹划，连司马昭也不知内中的核心机密。其次，他又是老父密令的执行者。杀人须有武装，何况是要杀当朝掌权的大将军及其同党？为了确保成功，司马懿密令司马师：利用自己广泛的社会关系，以重金收养三千名敢死勇士，并分散于民间，以备急用，同时不得因此走漏消息。司马师受命之后，以极大的谨慎和细心，利用自己控制军队人事的有利条件，终于把三千人的敢死队暗中组织起来。

司马懿父子在磨刀霍霍，那么曹爽等人在干什么呢？

曹爽是一个易于满盈的小器。司马懿称病不预政事，他初时有些意外，其后见对方果然撒手不管政治，自己完全可以威福自专时，不禁大喜过望。政治对手倒了，他首先想到的，就是如何尽情享受一番，史籍对此有如下的记载：

> 饮食车服，拟于乘舆；尚方珍玩，充牣其家；
> 妻妾盈后庭，又私取先帝才人七八人，及将吏、
> 师工、鼓吹、良家子女三十三人，皆以为伎乐；
> 擅取太乐乐器，武库禁兵。作窟室，绮疏四周，
> 数与何晏等会其中，饮酒作乐。

大意是说，曹爽的饮食、车辆和服饰，华美程度可以同皇帝相比拟；皇帝把玩的珍奇宝物，在他家多得很；他的妻妾本来已经够多了，又将先帝曹叡的宫女七八名，以及其他相关人员三十三人，弄到自己家里为自己表演取乐；还擅自取用皇家乐队的乐器，中央武器库房的禁卫军专用武器。并且在家里建造华美的洞窟式房屋，经常与何晏等人在其中醉酒取乐。

曹爽讲求享受，对处于他那种地位的人来说本也难免，司马懿的生活未必就不是锦衣玉食、高楼华屋了么？问题的关键在于，曹爽完全沉溺在宴乐之中，以至于忘掉了潜藏的危险。再者他不应当侵及皇帝御用的享受物品，这将引起朝廷士大夫中大多数人，尤其是忠心拥护魏室之人的反感。曹爽之弟曹羲比较有见识，深以其兄之举为大忧，一再好言劝说。此外，曹羲还著文三篇，详论骄傲自满将会招致祸败之理。曹羲不敢明言文章是针对曹爽，假托是训诫诸弟而作，拿去请大哥过目。人们对触及自己毛病的言语是最敏感的。曹爽虽然看不透司马懿的把戏，对老弟的用心却是一望而知。他一脸阴沉，反把曹羲训斥一番。曹羲苦苦相劝，甚至于痛哭陈辞，曹爽依然是无动于衷。

此时的何晏等人在忙什么呢？四个字：以权谋私。他们利用在尚书台控制机要之便，把洛阳东北野王县（今河南省沁阳市）境内，数千亩公家的膏腴桑田私自占有瓜分。又侵吞用于供给魏室公主们脂粉之费的大量田产，甚而至于"承势窃取官物，因缘求欲州郡，有司望风，莫敢忤旨"。何晏与廷尉卿卢毓有宿怨，此时便借卢毓下属有小过失，深文周纳，给卢毓安上一个罪名，并且擅自先行收缴卢毓的官印，然后才上奏皇帝。当时，曹魏的官职已经改用九品的等级制度，廷尉卿为九卿之一，与何晏的吏部尚书，同属第三品的高官。何晏先收缴卢毓官印然后才上奏皇帝的做法，完全违反了正常的官员处理程序，所以史书才感叹"其作威如此"。

对于曹爽等人的所作所为，当时朝廷士大夫的反映大体可以分为三类。

一类是强烈不满者。凡受曹爽等人排斥打击的人，都对之愤恨不已，像前面提到的傅嘏、卢毓，即属此类。还有一位孙礼，其遭遇相当具有代表性，值得一说。

孙礼，字德达，幽州涿郡容城县（今河北省保定市徐水区东北）人氏。其人秉性刚直，为人正派，而且对魏明帝忠心耿耿。曹叡临死时，以曹爽经验不足，宜得良佐，便亲自安排孙礼为大将军府的长史，并兼任散骑常侍。长史总管大将军府公务，散骑常侍则侍从皇帝，由此二职可见魏明帝是如何器重孙礼。对于这样的人，曹爽完全应当虚心结纳，使之成为自己的得力下属和支持者。可悲的是，曹爽却将孙礼推向司马懿一方。他先是把孙礼外放到扬州、荆州当刺史，其后又以小事撤除孙礼职务，判处在家服刑五年。因朝廷舆论同情孙礼，司马懿也出面为之说话，曹爽才重新起用孙礼，把他派到鲜卑族、匈奴族武装力量活动频繁的并州（主要地域在今山西省）去当刺史。正始九年（248 年）孙礼起程去并州赴任，临行之前，去探望卧病的司马懿。宾主相见后，孙礼一脸忿怒之色，久久不作声。司马懿假装糊涂，先开口问道："今当远别，何以不欢啊？"

孙礼顿时涕泣横流，答道："本以为明公能够像伊尹、吕尚辅佐商、周那样匡扶魏室，上报明帝之托，下建万世之勋。今社稷危殆，天下汹汹，我孙礼又如何高兴得起来呢？"

孙礼的意思很明白，就是要司马懿站出来采取断然措施，制服曹爽等人。司马懿听了不禁暗喜，心想：就连素常忠于明帝的孙礼都如此痛恨曹爽，朝廷士大夫之心也就可想而知，看来动手收拾局面的火候就要到了！不过，他依然不露声色，装出一副老病不堪做事之状，说道："德达，你想开一些，暂且忍受忍受那难以忍受之事罢。"

　　一类是敬而远之者。司马懿装病虽然装得逼真而自然，但是在有识者眼里，他卧病不预政事之举，总含有一种公开表示与曹爽划清界限的意味，是一场政治大搏斗即将来临的预兆。且不说是政治场中的须眉男子，就连个别居家的知识妇女，也有此先机之见。当时长安附近有一姓杜的大族人家，男主人早死，由寡居的女主人严宪，抚养一儿一女成人。出自北地泥阳县（今陕西省铜川市耀州区）傅氏的傅玄，听说其女有淑德，便前来求婚，严氏当即允许。傅玄字休奕，其人出自世家大族，年轻即有声名，唯有一点，即与何晏、邓飏不睦。前文提到过的傅嘏，就是其同族兄弟。由于傅玄得罪当朝掌权者，随时都有受陷害的危险，所以此前他向人求亲时，一概遭到谢绝。如今严夫人许诺将女儿嫁给他，自然引起家属亲戚的担心，有人劝说道："何、邓二人如今掌权，要害傅玄如同大山压卵、热水浇雪一般容易，如何能与之结亲啊！"

　　那严夫人微微一笑，回答道："尔知其一，不知其他。何晏等人骄侈过度，必将自取灭亡。司马太傅有如兽睡，一旦睁眼起身将会如何？到时候卵破而雪融者，恐怕不会是傅玄啊！"

　　就连有见识的巾帼，也看出司马懿如同暂时在打瞌睡的猛兽，曹爽等人前景非常不妙，那么见机的士大夫，就更要对曹爽等人采取"敬鬼神而远之"的态度了。

兖州泰山郡南城县（今山东省枣庄市东北）人羊祜，出自世代官宦的衣冠名门，本人又有"当今颜回"之美誉，自然不是孔夫子所谓的"系而不食"的瓠瓜。就是这样一位有志于功名的年青人，当曹爽要想把他延揽到大将军府来作幕僚时，他坚辞不就，并对友人说道："委质事人，谈何容易！"也就是投身给人效力，并非是一件容易的事情，言外之意则是选择合适的主子很困难。这是未入仕的白丁不愿依附曹爽的例子。

兖州陈留郡尉氏县（今河南省尉氏县）人阮籍，字嗣宗。其父是著名文学群体"建安七子"之一的阮瑀，本人则是"竹林七贤"中的领袖人物。他先后任过太尉府掾属和尚书郎。曹爽有意把大名鼎鼎的阮籍引为下属，便任命他为大将军府的参军。阮籍已经进入政界，不好如羊祜那般硬抗，便学司马懿的招数，干脆称病辞去公务，回转故乡避世去了。这是已入仕的中级官吏不肯依附曹爽的例子。

身居高位而不肯依附曹爽者也有人在。兖州陈留郡襄邑县（今河南省睢县）人卫臻，字公振，乃曹魏四世老臣，现时又出任三公之一的司徒。曹爽专政之后，有意请这位元老重臣兼任尚书令，又为胞弟求婚于卫家。卫臻对此两件事都坚决推辞不受，而且一再请求退休养老。曹爽的美美人情对方竟然不愿接受，他虽然失望，却也无可奈何。

当然，也还有一类是积极投靠者。司马懿称病不预政事，表面看来权势大减，故而当时京城市井之中，有"曹爽之势热如汤，太傅父子冷如浆"的传言，意思是曹爽的权势烫热，司马懿父子的权势冰冷。在此情况下，少数眼光短浅，急于功利之人，当然要想攀龙附凤，谋求一杯之羹。不过，从总体上来看，这一类人的比例，远比上述两类人为少。

光阴荏苒，转眼之间已是正始九年（248年）的年底。一日，司马昭带着满身雪花，从皇宫匆匆回府。他向老父报告了一个极端重要的消息：即将年满十八岁的皇上，预定在明年正月之初，到先帝陵墓朝拜祭扫，以纪念先帝辞世十周年。

司马懿心里怦然一动，立即暗中盘算开来。明帝归葬的高平陵，在京城南郊洛水以南的大石山麓，距京城有九十里之遥。如果皇上要去谒陵，作为百僚之首的曹爽必定要陪同前往，他那个负责指挥禁卫军的老弟曹羲，也不能缺席。这样一来，京城之内不是空了么？京城空虚之日，正是我好动手之时，这真是上天赐予的良机，万万不可错过！但是，他没有把心中正在盘算的行动计划向次子透露，而只与长子司马师密谋。他一再叮嘱司马师：在抓紧做好行动准备的同时，一定要严守秘密，注意监视对方的动态。

司马懿一心想要了解对方的动态，不曾想对方倒先派人登门，前来打探他的动态如何了。

来人非他，即是曹爽手下"五大金刚"之一的李胜。

曹爽专权之后，时常与诸弟到京城之外游猎。一位名叫桓范的支持者劝告他说："将军兄弟总理万机，统领禁军，不宜同时并出京城；假若有人关闭城门，谁又能帮助将军回城呢？"

曹爽傲然答道："谁敢如此妄为！"

话虽强硬，自此以后曹爽兄弟却再也不同时并出游猎了。此番皇上要去谒陵，兄弟并出，势不能免。为了保障自身安全，曹爽特命李胜去太傅府作一次突击性访问，看看对方有无可疑情况。突击性访问须得有合适的理由，而当时李胜已接到荆州刺史的任命，正好可以用辞行的借口前往。于是，门可罗雀的太傅府门前，便出现了一位不速之客。

司马懿一听李胜登门拜望，马上就猜到其来意。本来，以他的地位资格，完全可以借病重不能见客为由，派府内总管去把李胜打发出门了事。但是，这样一来对方疑心不能消除，或许会采取某种预防性的措施，诸如留下禁卫军总指挥曹羲在城内镇守之类，这样一来岂不是要影响大事么？在家装病将近两年，主要目的之一就是想麻痹对手。而今对手送上门来请自己麻痹麻痹他们，又何必客气呢？主意打定，司马懿吩咐家人：就在卧室病榻旁见客。古代中国政治舞台上的一场精彩生动表演，就此开始了。

李胜来到司马懿的卧室，行礼之后，先开言道："胜无尺寸之功，枉受朝廷洪恩。今当出任本州，特来拜辞明公。明公加恩赐见，胜真是感激之至！"

只见躺在卧榻之上的司马懿，神情恍惚，目光呆滞，似听非听，魂不守舍。李胜说完开场白，他也不答话，却挣扎着想从榻上坐起。两名侍婢见状，连忙上前，一左一右架住胳膊，才勉强使司马懿半躺半坐在榻上。侍婢接着给他加衣服，他的手却不住颤抖，半天伸不进衣袖之中，只好将就披着。他指了指口，表示口渴，婢女随即端来一小杯稀粥。司马懿自己持杯饮粥，手不停颤抖，口又不能及时闭合，结果一杯粥的大半，都流在胸口的衣服之上。一直在旁注视的李胜，心中也不禁伤感起来，又说道："今主上尚幼，天下仗恃依赖明公。本以为明公不过是风痹旧疾复发，竟然想不到尊体病重到如此地步呀！"话刚说完，两行清泪已然流下。

接下来，司马懿又咳嗽喘息了好一阵，才断断续续说道："懿年老病重，死在旦夕……君今屈任并州刺史……并州邻近胡人，望君好自为之……君今别去，恐怕难以再见，奈何奈何……"

李胜连忙走近前去，在司马懿耳朵旁大声纠正说："胜当忝任本州，不是并州！"上文说过，李胜是荆州的南阳郡（今河南省南阳市）人氏，所以他所说的"本州"，即是指家乡所在的荆州。

并州之"并"，其正确读音同"兵"，与本州之"本"读音相近。李胜以为大声纠正之后，司马懿应当听清了，不料司马懿又重复说道："君去并州，望善自珍重！"

李胜只好再靠近前去，大声纠正一次："当忝任荆州，非并州也！"

明确说是"荆州"，这一下司马懿好像听懂了，他慢慢回答道："懿年老恍惚，一时不解君言……君今还为本州刺史，年富力强，好建功勋……今当与君别，自料难可再会……因此想待病势稍有起色，设便宴为君送行，作生死之别，亦令犬子师、昭，结君为友……望君稍待时日，满足懿之微愿，如何？"

他一面说，一面流泪不止。李胜长叹一声，说道："谨遵太傅之命，胜在家静候安排就是。"

　　至此，会见也该结束了。李胜告辞出来，也未归家，径直前往大将军府，向曹爽等人报告突击侦察的结果。他把前后经过详细描述了一遍，然后非常肯定地作出结论道："司马懿尸居余气，形神已离，不足虑矣！"

　　所谓的"尸居余气"，也就是只剩下一口气的活死人。耳听为虚，眼见为实。毫无预告突然袭击，又迫近对方卧榻之侧进行观察，其结果还能有假么？殊不知世间上的万物，有表相，也有真相。表相与真相，有时候一致，有时候却完全不同。肉眼所见，只能是表相，不一定是真相。确凿可信的真相，只有融合智慧的第三只眼，也就是慧眼，才能看个明明白白。凡劣之人如曹爽者，哪里长得出慧眼？于是，曹爽一干人等完全放松戒备，一心投入为皇帝谒陵的准备工作之中。而李胜则在家中静候，静候司马懿为他准备的送行酒宴。

　　但是，李胜做梦都没有想到，司马懿为他准备的，并非送行的丰盛酒宴，却是一把寒光闪闪的屠刀。这正是：

老姜远比嫩姜辣，对手明朝要倒霉。

　　要想知道瞒过对手的司马懿，如何陡然变脸，抖擞精神，猛然发动一场生死对决的政治风雷，请看下文分解。

第十七章

风雷突发

　　这是魏少帝嘉平元年（249年）正月初四日壬辰，京城洛阳一带西北风大作，震屋折树，尘埃蔽天。

　　自从上一年冬十月以来，时常发作这种横扫天地的暴风。按照中国古代望气师的迷信说法，此乃大不祥之异兆，将对执政者严重不利。曹爽在大将军府谛听着那凄厉的呼呼风声，心中不禁有点发虚。他想：这罕见的大风来得奇怪，不知主何吉凶？皇上谒陵的时间已经定在后天，如果明日暴风仍然不止，那就是凶兆，谒陵之事只好取消；如果明日风止，则是吉兆，谒陵之事可以按时进行不变。他暗暗祝祷上苍：明日赐自己一个无风天。

此时此刻，司马懿也在太傅府中对上苍做同样的祈祷。他的一切行动准备都已就绪，如果大风不止，使皇上不能成行，则此前的心血都将付之东流。

历史上不少大事件能否发生，都与一些偶然因素有关。现在，曹魏皇朝的命运，可以说就系于这场飙风之上。

看来上苍并不保佑曹氏皇朝。第二天，暴风竟悄然止歇，金乌高照，玉宇澄清。曹爽与司马懿都大喜过望。在宫中闷坐不少时日的小皇帝曹芳，也为自己终于有出郊观赏自然风光的机会而激动不已。年轻幼稚的他何曾会想到：自然的风暴结束之后，接踵而来的将是一场政治上的风暴呢！

正月初六日甲午，黎明时分，当京城中还有不少人在睡梦乡中时，皇帝的车驾就出发了。汉魏之时天子有事外出，其车队的规格等级，分为大驾、法驾和小驾三种。三种车队各有用途，其区别主要在两方面，即随行人员等级的高低，以及随从车辆数量的多少。皇帝死了出殡才用大驾，此时由三公、九卿在前导引，太仆卿驾车，大将军陪乘，随从的属车为八十一辆，从事警卫的有上千辆车和上万骑兵。大驾用来送死，所以其规格虽然最高，但皇帝们都讨厌使用。其次是法驾。凡皇帝到京城南郊祭天，北郊祀地，即用法驾。此时由河南尹、执金吾、洛阳令在前导引，奉车郎驾车，侍中陪乘，随从的属车为三十六辆，从事警卫的车辆和骑兵亦有所减少。至于皇帝祭祀祖宗神庙，谒拜先皇帝、先皇后的陵墓，照例使用小驾。小驾与法驾的差别，主要是属车数量还要减少。当然，以上礼制也允许变通。此番少帝谒拜高平陵，按规定应当用小驾。小驾不用大将军陪同，而担任此职的曹爽却随从前往，即是一种变通。

不论是大驾、法驾还是小驾，皇帝所乘的都是由六马牵引的金根车。所谓的金根车，朱轮华毂，以金箔装饰内外，上建羽葆翠盖，立十二条飘带装饰的大旗，旗上画有日月腾龙。金根车之后，还有数辆备用的副车。

由上千车辆和上万名随从官员、卫士组成的谒陵队伍，出皇宫正南的阊阖门，经洛阳城中的南北主干道铜驼街，再出城南的宣阳门，浩浩荡荡，直奔宣阳门外四里许的洛水浮桥。这洛水是洛阳城南一条东西走向的著名河流，其芳草萋萋的水滨，则是京师官民的郊游胜地。曹植著名的《洛神赋》，便假托赋文中的女神是出自洛水之中，故名"洛神"。当先驱到达洛水上面使用船只拼接成的浮桥时，后卫人马才刚刚走出皇宫，前后绵延将近十里之遥。此时，旭日已经高高升起，皇上到南郊谒陵的消息迅速传开。京城百姓纷纷涌上街头，争睹这难得一见的壮观场面，真可谓摩肩接踵，万人空巷！

等到后卫车马出了宣阳门后，城中的市民百姓渐渐散去。不久，后卫车马又过了洛水上的浮桥，慢慢消失在远处的尘埃之中。早已经守候在洛水边上的两名司马懿心腹侍从，立即上马扬鞭，径向城中太傅府奔去。

此时此刻，太傅府中气氛平静如常。卧室之内，司马懿依然静静躺在病榻之上，一副衰朽不堪的模样。长子司马师和次子司马昭，一如既往地侍立在侧。只有细心的人才会发现，兄弟俩的外衣之内，都穿有精细的铠甲戎装。父子三人都不言语，似乎在等待什么人。此前，他们设在城内的眼线们相继回来报告，说是皇帝与大将军都已动身出城。现在只等城外洛水边的眼线回来，证实谒陵大队出城已远，即可开始行动。

大约巳时（上午九时到十一时）不到，两名心腹已经赶回太傅府。司马懿一听报告，把锦被一掀，陡然翻身坐起，随即自行跳下病榻。其动作之迅速敏捷，与刚才的样子判若两人。片刻工夫，父子三人均把外衣脱去，露出清一色的铠甲戎装来。司马懿满脸严峻之色，也不言语，只把右手向司马师、司马昭兄弟做果断的一挥，兄弟俩便大步离去。至此，司马懿苦心策划多时的一场铁血行动，终于付诸实施了。

按照预定计划，行动分为三个步骤。

首先，由司马师、司马昭兄弟，在皇宫南大门外的广场上，召集所有能动员起来的兵力，包括司马师平素收养的三千死士，司马师指挥的一部分禁卫军，太傅府的上千家兵等，总数约有六七千人左右。

其次，由司马懿率领一半的兵力，主要是那三千敢死队，占领城内南边的武库。所谓"武库"，就是中央直属的武器仓库，精良兵器尽在其中。三千人配上精良兵器后，即由司马懿率领出城，驻屯在洛水浮桥北岸，阻止曹爽回城，并准备恶战一场。与此同时，司马师则分兵扼守城门，司马昭率领余众，保卫皇帝与皇太后的寝宫。

待三支兵马进入预定地域后，便可进行第三步，即上奏皇帝，说已经奉皇太后之令，罢免了曹爽兄弟一切职务。只要先把对手掌控的军政大权夺了过来，他们便成了刀俎上的鱼肉，任人宰割了。

为了防止京城驻军中留守军营的士兵反抗，行动开始后，司马懿将派出两名自己的坚定支持者去安定军营。司徒高柔，将以代理大将军的名义进驻大将军的直属大营；太仆卿王观，将以代理中领军的名义进驻禁卫军的大营。不难看出，整个行动设计得相当周密。但这对于动辄指挥数万大军的司马懿而言，只能算是小试牛刀而已。

司马懿的以上筹划，自始至终都只和司马师商量。一直到昨天晚上，他才把一切告诉司马昭。昨天晚上就寝之后，司马懿命侍婢前去观察，结果司马师酣寝如常，而司马昭却辗转反侧，难以入眠。临大事而有静气，司马懿认为长子司马师完全继承了自己的一大优点。

皇宫南大门广场，就在太傅府正东一里许。半个时辰不到，有快马来报，说是全部人马已经集合待命。司马懿立即健步出门，登上专车，沿着东西主干道向东疾驰而去。

皇宫前的广场上，六七千人马分成三个支队排开，行列整齐，阵形清晰，旌旗飘拂，精神抖擞。司马懿一看，不禁脱口称赞道："子元此儿，果真不凡！"

当下父子三人按计划分兵。司马师、司马昭两支兵马在实施行动计划时进展顺利，唯独司马懿这一路，差一点就出了意外！

原来，从皇宫前广场前往中央武库，途中须经过大将军曹爽的府邸。司马懿率数千人众前去武库，马上惊动了曹爽的夫人刘氏。刘氏来到堂前，对府邸警卫队的队长严世说道：

"大将军在外而城中兵起，如何是好？"

严世昂然答道："夫人勿忧！"于是率领十余名弓弩手登上门楼，居高临下，对准司马懿的专车就要发箭。在此千钧一发之际，一位名叫孙谦的警卫队军官，从身后拉住严世，对他说道："天下事尚未可知，何必拼命冒险啊！"就这么片刻工夫的犹豫停顿，司马懿的专车已驶出一箭之遥。本来可以扭转曹魏命运的这一支支利箭，虽在弦上，竟然未能发射出去。

三千多敢死队配备了精良武器之后，随即跟随司马懿奔赴城南的洛水浮桥。此刻，镇抚大将军所统军营的高柔，以及镇抚中领军所统军营的王观，都已奉命出发。为了壮大声势，司马懿又把太尉蒋济请来，与自己同车前往浮桥。太尉是朝廷三公之首，名义上的主持军事者，而蒋济与司马懿的关系素来不错，有他同行，可以增强阵容，抗衡曹爽那大将军的威权。

接近正午，前两步的行动已经顺利完成，第三步行动正式开始。于是，一封由司马懿署名，并且经过永宁宫郭太后批准的上奏，交给特使驰送给尚在途中的皇帝。奏文说：

臣昔从辽东还，先帝诏陛下、秦王及臣升御床，把臣臂，深以后事为念。臣言："二祖亦属臣以后事，此自陛下所见，无所忧苦；万一有不如意，臣当以死奉明诏。"黄门令董箕等，才人侍疾者，皆所闻知。

今大将军爽，背弃顾命，败乱国典，内则僭拟，外专威权；破坏诸营，尽据禁兵；群官要职，皆置所亲；殿中宿卫，历世旧人皆复辞出，欲置新人以树私计；根据槃互，纵恣日盛。外既如此，又以黄门张当为都监，专共交关，看察至尊，候伺神器，离间二宫，伤害骨肉。天下汹汹，人怀危惧，陛下但为寄坐，岂得久安！此非先帝诏陛下及臣升御床之本意也。臣虽朽迈，敢忘往言？

昔赵高极意，秦氏以灭；吕、霍早断，汉祚永世。此乃陛下之大鉴，臣受命之时也。太尉臣济、尚书令臣孚等，皆以爽为有无君之心，兄弟不宜典兵宿卫，奏永宁宫，皇太后令敕臣："如奏施行。"臣辄敕主者及黄门令："罢爽、羲、训吏兵，以侯就第，不得逗留以稽车驾；敢有稽留，便以军法从事！"臣辄力疾将兵，屯洛水浮桥，伺察非常。

奏文以先帝的临终顾托为根据，历数曹爽罪状多条，最后借皇太后的名义罢免了曹爽兄弟官职，说起来理由也算冠冕堂皇。特使在洛水以南约四十里处赶上了谒陵队伍，呈上奏章。曹爽听说太傅有紧急上奏，心中好生奇怪。他把奏章抢过来一看，不禁失声叫道："大事不好！"

心乱如麻的曹爽，与同行的心腹们商量之后，决定先把上奏压下，并下令队伍停止前进，就地宿营。数千禁卫军甲士，一部分保卫皇帝车驾，一部分砍伐附近的树木，构筑营外的防御屏障。曹爽还临时发令，征调附近地区的屯田军队数千人马，前来救驾。正忙乱间，司马懿又令尚书台，给皇帝送来露宿所需的帐篷和御用食具。喜好玩乐的年轻皇帝，从来还没有在郊野露宿野炊过，反倒兴奋不已。

下一步怎么办？曹爽看看皇帝，皇帝若无其事；看看胞弟，胞弟个个失魂落魄；看看心腹，心腹也人人愁眉苦脸。看来主意要自己拿了。他想：硬碰硬打回城去，肯定打不过司马懿那老匹夫；如果不打，这城外郊野之中又不是久留之地；忍气顺从司马懿的条件，解职回家，以后又会不会遭到司马懿的清算，有生命之忧呢？

就在曹爽绕帐彷徨，无计可施之时，一位足智多谋的厉害角色，突然来到了他的身边。

　　来者姓桓，名范，字元则，兖州沛郡龙亢县（今安徽省蒙城县东南）人氏。龙亢桓氏是当地的世家大族。桓范其人，做事干练果断，唯性格倔强。他在东汉末年即已入仕，先后任过军政显职。少帝曹芳即位之后，桓范又出任大司农。大司农为九卿之一，职掌全国钱粮布帛的收支和调配，是最为繁剧的官职。桓范在任数年，不仅事无遗滞，而且清正廉洁。曹爽专政，以桓范乃自己沛郡的同乡前辈，在九卿之中对桓最为尊敬，但彼此的关系并不亲密。换言之，桓范本来并不是曹爽的同党。

　　此次司马懿起兵，最初是召桓范代理中领军，前去镇抚禁卫军的大营。桓范接到太傅的手令，正要赴召，不料其公子却出来劝阻他，说是天子在外，如要有所动作的话，不如去追随天子更为稳妥。桓范估量一番，觉得追随天子名正言顺，再说曹爽手握兵权，获胜的可能性也较大，唯一的问题是曹爽才弱，未必克得住司马懿。他正权衡利害之际，公子又劝他早下决心。桓范心想：曹爽才弱，有我这个智囊相助，不就完全弥补这一缺陷了么？此时曹爽必然彷徨无计，雪中送炭，老夫此后的官便升定了。想到这里，他不顾大司农府中下属的竭力劝阻，上马直奔城南而去。

　　此刻的京都，司马懿已经下令全城戒严，十二道城门全部关闭，从何处出城呢？桓范突然想到：看守宣阳门东面的平昌门者，是自己过去举荐的门候，姓司名蕃。于是，他扬鞭催马，直奔平昌门而来。到了门下，桓范大呼司蕃姓名，那门候应声而出。桓范把手中的一块书版向司蕃一亮，假装说道："天子在外有诏召我，卿速开门！"

司蕃心中有疑，便要索看诏版，桓范脸色一沉，呵斥说："卿不是我昔时下属么？何以敢如此放肆！"

司蕃无奈，只好给他开门。桓范悄悄放马出城也就算了，不想他出得门去，又回头对司蕃高声说道："太傅谋反，卿可随我离去！"

司蕃一听，顿时知道事情不妙，便奔上前去，想要抓住桓范的坐骑。桓范急催一鞭，那马便绝尘而去。就为后面这一句多余的话，日后桓范将要付出极其沉重的代价。

桓范驰过浮桥时被监视哨看见。正从武库向洛水浮桥进发的司马懿，得知多谋善断的桓范出城投奔曹爽，便对同车的太尉蒋济说道："智囊往矣！"

蒋济既了解曹爽，也了解桓范，当即回答说："桓范虽言多智，然曹爽保家心切，如恋栈之驽马，必不能用其冒险一搏之策！"

那边的桓范，从尚未戒严的洛水浮桥飞奔南下，午时过后不久，即已来到曹爽的大帐前。曹爽喜出望外，连忙把他迎入帐内。桓范先把城中发生的一切扼要叙述一番，然后向曹爽兄弟说出他早已想好的建议，即迅速护卫天子，前往东南方向的南都许昌，据许昌以天子之命征兵四方，讨伐图谋叛逆的司马氏。平心而论，桓范这一着棋相当厉害。因为谁挟持了天子，谁就占据了政治上的优势。曹操当初能够压倒群雄，其两大法宝之一，便是"挟天子以令诸侯"。有了政治的优势，再通过征兵勤王，取得军事的优势，任凭你司马懿再厉害，也未必然就能一口把我吞下。但是，听了桓范之计，驽马恋栈的曹爽果然犹豫起来，而曹羲则在一旁默不作声。

桓范知道曹羲比其兄更有见识，便回头对他说道："事情已经清清楚楚，明明白白。卿等平时读书，读来何用？不是为了指导现实么？以现今的情势而论，卿兄弟要想退出政界保全性命，难道还有可能吗？再说市井匹夫，只要手中有一名人质，也要以此谋求一条生路，何况卿等与天子相随，可以号令天下呢？若不断然求生，卿兄弟必将遭受灭门之大祸了！"

曹羲依然不发一言。桓范以为他顾虑到一些具体问题难办，便进而代他筹划道："卿所统领之禁卫军，有一营就驻扎在伊阙（在今河南洛阳市南）之南，距此不远。此处西南百余里处，则是洛阳典农中郎将的治所，其属下有大量屯田的兵马，要粮有粮，要人有人，只需下达一纸命令而已。单凭这两处的兵力和物力，也足可支持一时。如果不愿在此抵抗，现在起程前往许昌，不过今天半夜时分便能到达。许昌的武库有大批精良武器，足供使用。唯一缺乏的是粮食，不过大司农印章我已带在身边，从外地调运粮食来许昌毫无困难呀！"

任凭桓范说得唇焦口燥，曹氏兄弟就是不开口表示可否。此时，太阳已经偏西，寒气从初春的大地上蔓延开来。又累又饿的桓范，打了一个寒噤，这使他清醒地意识到了自己目前面临的险恶处境。他正要振作精神，再一次劝说曹氏兄弟前往许昌，不料司马懿也派来了两名说客。

两名说客是侍中许允和尚书陈泰。许、陈二位是司马懿信得过的人，与曹爽也极熟悉。他们一再向曹爽兄弟解释太傅的意思，说只要去职交权，曹氏兄弟的生命、财产和侯爵爵位，全部都完好保留，绝对没有任何的问题。他们还带来了一封太尉蒋济给曹爽的亲笔信，信中蒋济明确以个人名誉担保曹氏兄弟的人身安全。捧着这封信，曹爽心里若有所动。

就在这时，司马懿派来的另一名说客又到了。此人是留守皇宫的一位禁卫军中级军官，姓尹，名大目。大眼睛的尹大目，一直是曹爽的亲信家奴，所以曹爽提拔他为殿中校尉，负责皇帝寝宫的守卫。司马懿知道尹大目很得曹爽信任，其人亦单纯可欺，便要他代传口信：此番绝对是只免曹爽官职，不涉其他；如不相信，可以指洛水为誓。尹大目如实传达之后，曹爽便完全动摇了。

桓范见状不妙，自然又竭力劝阻曹爽举手投降。他深知司马懿的为人，举手投降之后绝对没有活命的可能性。曹爽一帮本是司马老儿的政敌，因此而丢命是自作自受；而自己是今天早上才卷进来的，如果因此而惨遭满门抄斩的大祸，未免太冤哉枉矣了。他一痛切陈辞，曹爽又犹豫起来。就这样，从入夜直到次日凌晨的五鼓时分，是抵抗还是投降，仍然悬而未决。

远处传来了几声鸡鸣，把曹爽从木然状态中惊醒。大概是觉得鸡都开了口而不好再沉默了罢，他缓缓从座上起身，把手中一直紧握的佩刀丢在地上，说道："我想太傅之意，也只不过要使我们兄弟支持他。我本人大概也确实不合他人之心意罢。"

于是，他来到皇帝御帐之中，呈上司马懿的上奏，请求皇帝说："望陛下下达诏书，免臣官职，以遵循皇太后之指令！"

睡眼惺忪的天子，胡乱点了点头。当下便有随侍的中书郎上前，在烛光之下，草成一通免除曹爽兄弟官职而以侯爵身份回家的诏书。接着，符玺郎捧上御玺加印。曹爽把诏书递给许允、陈泰，请他们先回城复命。许、陈二人兴冲冲地跨马而去。曹爽回转自己的大帐，刚想休息片刻，忽然发觉桓范正在目光炯炯地注视着他。

曹爽很勉强地笑了笑，半是宽解自己半是应酬桓范，说道："即使免职回了家，我也不失作富家翁。"

桓范一听，顿时老泪纵横，悲从中来，他几乎是一字一顿地数落道："你父曹子丹，乃出色人物，怎么会生出你们这帮如同牛犊一般愚蠢幼稚的兄弟来呢！老夫今日将因你等而惨遭灭门之祸了！"

曹爽默不作声。次日清晨，他即随从皇帝车驾回城，举手缴械。魏朝代汉以来最为激烈的一次政治斗争，经过长达十年的反复较量，至此大局已定。这正是：

曹家子弟如豚犬，掌控中枢岂久长？

要想知道曹爽举手投降之后，司马懿能不能兑现其承诺，让他回家去当一个安心享福的富家翁，请看下文分解。

第十八章

血溅魏都

这一年正月初七日乙未，中午过后。被免职的曹爽兄弟，失神落魄地回到了京城中自己的府邸。昨天清晨跨出门去，他们还处于朝廷权力的顶峰；今日午后跨进门来，他们就变成了政界的弃儿。曹爽呆呆地注视着那两扇高大的朱门，心中痛切感受到了政治斗争的无情与残酷。

但是，更为无情和残酷的事情还在后头。

按照禁令，曹爽兄弟绝对不允许离开自己的府邸，私自外出。好在府邸相当宽敞，不出门也还忍得住。谁知第二天司马懿下达公文到洛阳县，征调了八百民丁，在曹府围墙的四个边角之外筑起高楼。高楼之上均有瞭望的兵士，专门俯视宅中曹爽兄弟的动静。这样一来，曹爽就觉得像受人围观一般浑身不自在。烦闷之中，他拿起弹弓准备到东南角的后园去打鸟。刚走出几步，便听到角楼上有人大声报告："免职的大将军往东南方向走了！"他气得把弹弓狠狠一丢，又回到大厅之上。

大厅里闷坐着他的几位兄弟。兄弟们都想从大哥这里弄清楚司马懿如此严密监视究竟意欲何为，但是曹爽自己也心中无数。无可奈何之中，曹爽想出一个主意，他提笔给司马懿写了一封短信，信上说：

> 贱子爽，哀惶恐怖，无状招祸，分受屠灭。
> 前遣家人迎粮，于今未返。数日乏匮，当烦见饷，
> 以继旦夕。

此信的前四句说，不成器的自己招来祸事，罪该万死。后面接着说家中缺粮，此前派人去弄粮食，至今却没有回来，这几天没有粮食吃了，所以烦请给予接济，以度时日。

曹爽的想法是：如果对方真要置自己于死地，就不会同意接济口粮；如果送来了口粮，那就说明对方将放自己一条生路。

信送出去的当天就有了回音。一批米、豆、肉、盐由专人送到曹府，同时还送来司马懿的亲笔回信，回信说：

初不知乏粮，甚怀踟蹰。令致米一百斛，并肉脯、盐豉、大豆。

意思是说，我完全不知道贵府缺粮的事，甚感不安，马上令人送去所需米粮一百斛，以及肉、盐、豆等食物。

曹爽得到米和肉等，还收到措辞如此恳切的回信，不禁喜出望外。兄弟数人在大厅中间，围着那批米、肉，无不额手称庆，庆幸可以不死了。他们哪里知道，此时此刻，司马懿正在琢磨，应当给曹爽等人加上什么样的满门抄斩罪名，才能把他们及其亲属送上断头台呢。

三国的政坛有时如同战场。两军交战，奉行的是兵不厌诈；两强争权，其间也无信誉的容身之地。曹操快人快语，一句"宁我负人，毋人负我"，便把政治斗争的要诀展示于世。司马懿是何等人物，对此岂有不知？自从起心收拾曹爽等人的那一天起，他就打定主意：将来只要自己压倒对方，定要从肉体上彻底消灭之；不仅当事者须掉脑袋，对其家族也必须斩草除根。现今司马懿虽然许下诺言，即只免除曹爽兄弟的官职，其余一切均予保留，但是在他看来，这只是瓦解对方的手段，并非斗争的目的。手段必须服从目的，诺言也就不能当真。反正现今大权操在我手，即使世人有所议论，其又奈我何？

要给对方加上一个满门抄斩的罪名，当然不能从其执政时的决策失误、贪污受贿、拉帮结派、排斥异己、荒淫腐化等方面着手，因为这些事情不仅难定死罪，纵然定成死罪也仅止其身。在中国古代，要想把政治对手放到株连家族的境地，唯一的办法，就是给他定上一个图谋反逆的罪名。谋反，就是阴谋推翻皇帝和朝廷，并且取而代之，属于政治性犯罪，所以其处置要比其他性质的犯罪，诸如刑事性犯罪、行政过失性犯罪等严厉得多。司马懿这阵子之所以没有触动曹爽等人，其原因就在于，他正考虑怎样给对手罗织一个图谋叛逆的政治罪名。

在人为鱼肉，我为刀俎的情况下，要做到这一点并不十分困难。司马懿也用不着自己亲自出面，他只需稍物色一位善于领会自己的意图，并且办事干净利索的角色，来充任司隶校尉一职就可以了。

前面已经说过，这司隶校尉乃是京城洛阳所在州的州行政长官。但是，司隶校尉还有一项更为重要的职责，即纠察、检举、审讯和处置朝廷中，除三公之外一切官员的违法行为。所以凡有正直果敢的人出任司隶校尉时，即可出现"京都肃然，贵戚慑伏"的局面。而在政坛相争的大人物，也总想把自己的亲信安排在这个位置上，以打击对方势力。曹爽当权时，即以毕轨为司隶校尉。现今司马懿要致曹爽等人于死地，便在这个职位上安插了卢毓。

卢毓，字子家，幽州涿郡涿县（今河北省涿州市）人氏。其父卢植，是东汉末年的经学大师，军事名将，可谓名满天下。刘备和公孙瓒都是卢植的门墙桃李。卢毓早年投奔曹操，历事曹操、曹丕、曹叡和曹芳四朝。到了少帝曹芳之时，因受何晏等人排挤，曾一度丢官闲居，其经过上文已经提到。其后，因朝廷舆论反应强烈，司马懿也为之积极活动，他才又得任光禄勋之职。因此，他对曹爽等人切齿痛恨而对司马懿感恩戴德。再者，他曾当过廷尉卿，而廷尉卿主管评审天下疑难案件，相当于后世的最高法院院长，所以深通法律，知道如何深文周纳，上纲上线。卢毓是理想人选，所以司马懿令他代理司隶校尉之职，负责追究曹爽等人的罪行。大将军位在三公之上，本不受司隶校尉的纠察。不过曹爽既然被撤职，其身份已是平民，便不在此限，只能听人宰割了。

卢毓不愧为此中老手。他一受命，即集中力量寻找能够证明曹爽等人谋反的根据。物证不易凭空制造，人证却能够按需"培养"，只消使用重利或严刑这两者当中的任何一种，就可培养出来。经过一番深入调查，卢毓的眼睛最后盯在"张当"这个名字上。

张当，本是一个黄门。什么是黄门？原来，汉魏皇帝寝宫之大门，漆以黄色，当时叫作"黄闼"。看守黄闼的是一批被切除了外阴生殖器官的男性宦官，即所谓的"黄门"。其人数定额有十八人，由黄门令统领。黄门相当于后世的随侍太监，而黄门令就是大太监。曹爽专权之后，看中了乖觉伶俐的张当，便给了他一个"都监"的头衔，让他监视宫中的各色人等。张当从普通的黄门，一下子高升为都监，连黄门令也畏惧他三分，他感激涕零之余，便把当初魏明帝宠幸过的美貌宫女，偷偷送了两名与曹爽享用。卢毓知道张当这个宦官绝无刚直之气，而且他整日随侍皇帝，与谋反之事极易挂上钩，于是决定把他培养为人证。

正月初十戊戌，卢毓以私送宫人之罪逮捕张当，立案追查他与曹爽之间的关系。经过一番严刑"培养"之后，张当签字供认：曹爽、何晏、邓飏等人，与自己结成谋反小集团，并且秘密约定先演习兵马，到今年三月中旬举兵推翻皇帝，由曹爽来当皇帝，君临天下。张当一招供，卢毓便派人逮捕了何晏、邓飏、丁谧、毕轨和李胜一干人等，丢监下狱，唯余曹爽兄弟未动。当天，卢毓即把全案审讯结果上报朝廷。任人支配的年轻皇帝，按照太傅这位辅导老师的指点，下诏召集公卿朝臣来到皇宫之内的尚书台，公议如何处置阴谋反逆之人。

在此之先，已有一人被送进了监牢，他就是年纪最大的桓范。桓范最后卷入这场政治斗争，怎么会最先遭受牢狱之苦呢？难道当时坐牢也讲究长者优先么？

三天之前的正月初七日乙未清晨，桓范垂头丧气，随从皇帝回转京城。过了洛水浮桥，他一眼就看到司马懿全副戎装，立马桥北，威风凛凛，杀气腾腾。桓范躲避不过，只好下车向司马懿跪拜行礼而不发一言。司马懿命人搀起桓范，说道："桓大夫何必如此！"皇帝回宫之后，根据太傅指示，下诏恢复桓范的大司农官职。桓范遵照惯例，到皇宫南大门双阙之下，呈上表示感谢的表章。按照规矩，到阙下呈送表章到皇宫，呈送者须在阙下等待回音。就在这时，一队执法官员驰马而来，当场把桓范逮捕了。

这是怎么一回事呢？

原来，那名看守平昌门的门候司蕃，一听说天子回宫，曹爽等人被免职，就知道大事不好。于是赶忙争取主动，向有关部门自首，坦白自己为桓范开门的详细经过，包括桓范所说的"太傅谋反"那句话。司蕃的自首记录马上送到了太傅面前，司马懿看到这句话后，立时忿然作色，恨恨说道："诬人谋反，该当何罪？"

立在旁边的司法官员，恭恭敬敬回答道："按照法律，诬蔑他人'谋反'者，应当反过来承受'谋反'之罪。"

于是，皇帝回城的当天，桓范就被投入监牢。

正月的十三日壬寅，乃是一年当中"五九六九，沿河看柳"之时。魏宫前区的尚书台前，柳枝绽黄，芳草吐绿，一片生机勃勃。但是，在尚书台的大厅内，魏朝的公卿朝臣，正在讨论一件可能要处死数百人的谋反大案，其肃杀之气与室外的盎然春意，形成了非常强烈的反差。

汉魏之时，每当政事刑狱有大疑和大案，往往要召集公卿大臣到尚书台共同讨论，这叫作"廷议"。廷议与朝会不同。凡国有大喜事，或逢大节日，则皇帝将与群臣相聚庆贺，这就是朝会。朝会的处所在皇宫的正殿。以曹魏而言，在魏明帝之前，朝会是在北宫的建始殿，之后则改在南宫的太极殿。

这次廷议，朝廷百官上至位为上公的太傅、三公，下至九卿、司隶校尉、尚书令和尚书仆射，全都准时出席。经过

半天讨论，对于曹爽等人"阴谋反逆"一案，衮衮诸公无不
表示出极大的愤慨，并且形成了一致的结论，也就是当时所
谓的"廷议"。史书上记载这次廷议的文字如下：

> 《春秋》之义，"君亲无将，将而必诛"。爽以
> 支属，世蒙殊宠，亲受先帝握手遗诏，托以天下；
> 而包藏祸心，蔑弃顾命，乃与晏、飏及当等，谋
> 图神器；范党同罪人：皆为大逆不道。

廷议中一开头，就引用儒家经典《春秋》中确定的原则，
来对曹爽一干人等的行为做出定性，即"君亲无将，将而必
诛"，意思是对君主和父母不能起歹心，如果起歹心必须诛杀。
这是《公羊传》中的话，而《公羊传》是与《春秋》相配合的
著作。接下来又说，曹爽作为皇族分支的成员，世代蒙受特殊
的荣宠，本人又亲自受到先帝握手交给的遗诏，把天下大事托
付给了他；而他却包藏祸心，轻蔑抛弃先帝的顾命，竟然与何
晏、邓飏和张当等人，谋图篡夺帝位；至于桓范，又与这批罪
犯结成同党：他们的罪行，全都属于大逆不道。

当时的廷议，具有最高的权威性和最终的裁定性。所谓
的"大逆不道"，这是汉魏时期法律所列出的顶格罪名。因

此，曹爽等人一旦被廷议确定犯有大逆不道之罪，便将受到最严厉的刑罚，即诛杀三族。三族是哪"三族"？在当时，准确含义是指罪犯的父母、同胞兄弟姊妹和妻室儿女这三类亲属。妻室儿女是罪犯的小家庭，加上父母、同胞兄弟姊妹，即是罪犯的大家庭。可见诛杀三族，比起后世所谓的满门抄斩来，实在有过之而无不及。

曹爽等人遭此大祸，廷议时在座公卿大多都持毫不同情的态度。少数人心中虽然觉得有些过分，但是平素既未受过你曹爽的恩惠，此时当然不愿意为你曹爽而得罪司马懿，所以也冷眼旁观。唯独有一位大老，心内愧疚不已，遂私下出面恳求司马懿：请念及曹真开国功勋的身份，特赦曹爽一个儿子不死，以便接续其祖父曹真的香火。这位大老是谁？就是太尉蒋济。

蒋济，字子通，扬州九江郡平阿县（今安徽省凤台县东北）人氏。其人多谋善断，先后受到曹操、曹丕和曹叡的器重。在政治上，他本非司马懿的死党，但因曾受司马懿的特别关照，所以一直倾向于司马懿。原来，蒋济虽然多智，却极为贪财。他曾在魏明帝时出任护军将军。这护军将军与中护军同为一官，如出任者资历浅，则称中护军；如出任者资历深，则称护军将军。两者均可简称为"护军"。护军主持武官的选拔任命，是一个很能以权谋私的肥缺。蒋济在任上，大搞贪污自肥之事，以至于军中有人给他定了一个买卖官职的价目表，说是"欲求牙门，当得千匹；百人督，五百匹"，说是要想当牙门将，须孝敬蒋济一千匹绢；想当一百人的队长，可以减半到五百匹绢。这种情况让军界元老司马懿知道之后，他便在一次会面时询问蒋济：外间对尊驾的传闻是否属实？蒋济知道无法隐瞒，只好用开玩笑的方式为自己辩护，他说："到洛阳市上去购买物品，少了一个钱也是走不了路的啊。"

司马懿听了哈哈大笑，不再深究其事，从此蒋济对他深怀感激之情。由此可以看出，司马懿笼络人心的手段是何等高明：他先抓住你的要害，略微点一点，让你知道自己有小辫子抓在他手里，然后又松弛如初；这样一来，你就犹如野马套上一根长长的缰绳，到时候不得不受其支配了。此次司马懿起兵出屯洛水浮桥，要蒋济同车前往"以增威重"，蒋济就没办法推辞。为了使曹爽放弃反抗，以便尽快收拾局面，司马懿要蒋济写信劝说曹爽，蒋济也只能从命。足智多谋的蒋太尉，枉自在政界混了几十年，竟然到了这个节骨眼上，还没有识破司马懿的真心，头脑一热便在劝降曹爽的信中写下了保证，你曹爽兄弟只要放弃抵抗，我可以保证你们平安不死。殊不知人世间最要慎重对待的事情之一，就是拍胸口替他人担保。现在，司马懿不守诺言，蒋济自觉名誉大受损害，心中悔疚交加，只得央求司马懿给曹家留下一条命根子，聊作弥补。但是，此时此刻的司马懿，就很不好说话了，他脸孔一变，以国法无私为由，断然加以回绝。幸好蒋济还不是在大庭广众之中碰一鼻子灰，否则倒真要尴尬得无地自容。

廷议一结束，主犯曹爽，从犯曹羲、曹训、何晏、邓飏、丁谧、毕轨、李胜、桓范、张当，总共十人，全部被捕下狱。接着，特别行动队又按照户口记录，逐一搜捕曹爽、何晏、邓飏、丁谧、毕轨、李胜、桓范和张当八家之中，属于"三族"范围内的成员，包括已出嫁的姊妹和女儿。此后几天，先后有数百人被押往洛阳城北的北邙山下。不管是白发老人还是垂髫儿童，一律引颈受戮，鲜血把新春的碧绿芳草，染成一片刺目的殷红。

为了表示宽大，对于少数临时以行动支持曹爽，但在军政两界并不重要的一些二流人物，主要是曹爽大将军府的幕僚，司马懿均赦之不死。大将军府的司马，姓鲁名芝。出事时鲁芝在府中留守，他闻讯后率领一队兵马，砍开宣阳门西面的津门，前去与曹爽会合。和他同行者，还有大将军府的参军事辛敞。当曹爽准备放弃反抗时，大将军府的主簿杨综上前劝阻说："明公挟天子，握重权，难道想放弃这些去找死么？"办案官员认为鲁芝、辛敞、杨综等附从反逆，皆应判处死刑。司马懿阅罢案卷，面露恻隐之色，对承办人员说道："各为其主也，宥之。"不久又起用三人担任要职。鲁芝和杨综，后来都成为司马氏的忠实支持者。

所有现任或曾任曹爽大将军府的幕僚，即所谓的"曹爽故吏"，一律先免职，然后酌情使用。所谓"酌情"，就是看你是否全心全意拥护司马氏，是否愿意弃旧投新。后来成为晋朝权贵的裴秀、王沈、王浑、卢钦、荀勖等人，都是经过甄别而获得重新起用的曹爽故吏。

该砍头的砍了，该免职的免了，司马懿松了一口大气，回过头来着手论功行赏。凡在此次平定"阴谋反逆"行动中表现突出的人员，或升官，或晋爵，或奖以钱物，或赐以酒宴，均有酬报。在受封人员中，有两人的情况值得一说。

一位是司马师。作为此次行动的副总指挥，司马师有上佳表演，故而受封千户侯，升任卫将军。前面说过，卫将军的品级，是最高军职的第六位。从原来的中护军升到卫将军，就品级而言是从第四品跃升到了第二品，属于罕见的越级提拔。事情很明显，司马懿已经在为自己身后之事预作安排。他要让长子先成为军界新强人，然后凭借兵权来接替自己控制朝政。

另外一位是蒋济。蒋济以随从铲除曹爽之功，从亭侯进封为乡侯，食邑七百户。汉魏的爵制，异姓在一般情况下最高只能封列侯。而列侯按封邑大小，又可分为亭侯、乡侯和县侯三种。亭侯封邑为一亭，乡侯封邑为一乡，县侯封邑为一县或数县。就乡侯而言，食邑多者可达一千户以上。因此，蒋济由亭侯进至乡侯，食邑仅七百户，这赏赐并不算特别丰厚。

名誉大受损害，酬劳小小不多。追悔莫及的蒋济，决心不受这份封赏，以求心安。他立即上疏一道，文曰：

> 臣忝宠上司，而爽敢包藏祸心，此臣之无任也。太傅奋独断之策，陛下明其忠节，罪人伏诛，社稷之福也。夫封宠庆赏，必加有功。今论谋则臣不先知，语战则非臣所率，而上失其制，下受其弊。臣备宰司，民所具瞻，诚恐冒赏之渐由此而兴，推让之风由此而废。

文中明白点出"论谋则臣不先知，语战则非臣所率"，仔细品来，总有一种借机向公众舆论表白的味道。意思是说，我本来是一个局外人，突然被卷了进来，惹上是非，望能理解原谅。这封辞让封爵的奏疏，当然不被司马懿接受。蒋济因此抑郁寡欢，三个月后就发重病，死于京都洛阳。

此次政坛剧变，因魏少帝曹芳出谒高平陵而起，故而史称为"高平陵事变"。而高平陵事变，是曹魏历史上酝酿时间最长、涉及范围最广、结束形式最残酷、造成影响最深远的一次政治冲突。就其影响而言，主要有文化和政局两个方面。

在文化上，对于士大夫而言，高平陵事变向他们充分展示了政治斗争的可怕和残酷。从此，他们纷纷转而崇尚清谈、祖述玄虚，远离现实政治。于是乎表面清高，骨子里却是实用主义的玄学新风气，开始蔚然兴起，而两汉以来士大夫关心政治，忧心天下，甚至不惜以生命和鲜血来抗御邪恶势力的理想主义潮流，则日渐低落。换言之，高平陵事变是汉代士风与晋代士风的转捩点和分水岭。

至于在政局上，对于曹氏家族而言，高平陵事变宣布了他们五十余年黄金时代的结束。从这时起，司马氏家族在事实上，已经开始取代他们，不久将要君临天下。这正是：

北邙山下无辜血，影响如何感慨多！

要想知道司马懿彻底清除了曹魏中央的竞争对手之后，还有没有人敢站出来向他叫板挑战，请看下文分解。

第十九章

淮扬变起

　　曹爽等数百人被推上刑场，上至十八岁的皇帝，下至公卿百官，无不为之深受震慑。在这种情况下，由群臣提议，经皇帝批准，正月十九日丁未，朝廷正式向司马懿颁发一份最为丰厚的奖赏：一是册命他为丞相，位居百僚之首；二是对他的侯爵封地，增加繁昌、鄢陵、新汲、父城四县，共一万户，加上此前已有的四县一万户，总共食邑八县二万户，其封地之大，是曹魏皇朝此前侯爵所未有；三是今后群臣奏事，提及他时不得像以前那样直称其名，而要避其名讳。

　　奖赏的后面两项都不是很关紧要，唯有授予丞相一职，充分反映了魏朝君臣当时对司马懿的畏惧心态。

　　前面已经说过，东汉一朝实行三公执政制，废除了西汉的丞相，以便强化君权；曹操以天子为傀儡，遂又废除三公，自任丞相。曹丕代汉称帝，独操机柄，自然要废除丞相，重新实行三公制。因此之故，汉魏时期凡任丞相，或者相当于丞相的相国者，必是权高震主而有改朝换代之心的强臣。魏朝君臣急急忙忙把丞相的头衔，主动奉送到司马懿的头上，可见他们已经认定：天下可能要改朝换代了！

　　但是，当事人司马懿，却并没有外人那么着急。他连续上书十余道，断然辞掉了丞相职务。其态度之坚决，令魏朝的君臣又吃了一大惊。

　　有道是"当局者迷"。然而司马懿现而今对局势的判断，却比任何人都要清醒。清除曹爽势力，很大程度上属于一种被迫自卫的行动，是两强相争时处于劣势一方的绝地反击。虽然反击的大获全胜，把自己推到了权力的顶峰，使自己欲罢不能，不得不考虑今后是否取代曹氏的问题，但是眼下的这一切，并不表明取代曹氏的条件就已经完全成熟。曹氏主宰政治五十余年，基础并不浅薄。当今的急务，除了要加紧增强自己的根基外，还必须更加注意削弱曹氏的基础，消灭一切可能对自己构成威胁的敌对势力。有没有丞相的头衔并不重要，实际上，自己现今手中的威权，与当初武皇帝担任汉家丞相时的威权，又有多大的差异呢？得此虚名，反倒过早暴露了自己的野心，从而给当前实施壮大自己而削弱曹氏的战略带来不利。有此深谋远虑，司马懿当然不会接受丞相的头衔了。

果然不出他所料，曹氏还有相当的基础。就在高平陵事变过后才几个月，一位手握重兵的曹氏四世老臣，便密谋举兵兴复魏室，给曹魏的政局又造成一次大震荡。这位敢于带头反抗司马氏的老臣，便是镇守淮南扬州（治所在今安徽省寿县）的新任太尉王凌。

王凌，字彦云，并州太原郡祁县（今山西省祁县）人氏。其叔父王允，字子师，东汉末年曾任司徒，后来策划收买吕布刺死董卓者就是此公。

王凌弱冠入仕，第一个官职是兖州东郡发干县（今山东省冠县东）县长。不料他初仕不利，在发干县长任内出了重大失误，结果丢官不说，还被判了五年徒刑，每天在城中持箒扫街，戴罪劳动改造。一日，当时已任兖州牧的曹操由此经过，恰巧碰见了当街扫地的王凌。曹操见他仪形举止不似一般打家劫舍的强徒，便向随行的当地官员询问这个犯人的来历。当他得知王凌就是王允的侄儿时，不由得生出怜惜之心了。原来，曹操与王允曾有一段不错的交谊，而王允后来惨遭董卓残部的杀害，直系家属无一幸免。感叹之后，曹操立即下令释放王凌，重新起用。从此，王凌怀着一颗感恩戴德之心，为曹氏效忠尽力。他先后出任兖州、青州、扬州和豫州刺史，所在之处都做出突出政绩，留下极好口碑，史称是"布政施教，赏善罚恶，甚有纲纪，百姓称之，不容于口"。魏少帝曹芳继位，王凌以征东将军出镇扬州，负责东南战区军事指挥要务。因抗御孙吴有功，由征东将军升任车骑将军，再升司空，最后继蒋济之后出任太尉。他虽位至三公，却一直在淮南重镇驻守边防，未曾入朝。所以司马懿与曹爽之争，他完全没有介入进去。

对于王凌，司马懿一直是积极加以笼络的。这从王凌在魏少帝在位期间能够连升三级，曹爽死后司马懿又提升他为太尉，并给予"假节"的诛杀威权名号即可看出来。道理很简单，王凌不仅是少数健在的四世老臣之一，声望颇高，而且长期拥兵淮扬，实力相当雄厚。司马懿要想稳定政局，不能不把这位关键人物的工作做好做到家。

但是，对于王凌，司马懿又是深怀戒心的。既然此人有资望有实力，如果他不肯为自己效命又该怎么办？兹事体大，须得未雨绸缪。司马懿诛杀曹爽之后，曾经向熟悉王凌的蒋济，询问王凌其人如何，可见他已开始注意到王凌。当时，蒋济误解了司马懿的意思，以为他对王凌的才干能力有所怀疑，便替王凌美言道："凌文武俱赡，当今无双。其子广等，有大志，多才干，恐怕比其父还胜一筹。"

替他人说好话是非常自然之事，何况王凌及其子王广等，确实也非凡才。但是，世间上的事就这么诡异，有时候替人说好话说真话，竟然是坏事一桩。蒋济回到家中，静下心来把司马懿的问话用意，仔仔细细琢磨了几遍，这才品出真味来。他大为失悔，向家人长叹道："吾此言一出，将令别人横受灭门大祸了！"不久蒋济发重病而死，除了上文所说向曹爽拍胸口打包票之外，这件事也应当是诱因之一。

司马懿这面在笼络和戒备王凌，王凌那一面又在干什么呢？

曹爽等人被诛杀之后，王凌心中大为不平。他主要倒不是同情曹爽，而是为年青的皇帝一再受制于强臣而激愤不已。作为受曹氏四世之恩的元老重臣，他认为自己有责任兴隆魏室。于是，他便与自己的外甥令狐愚密商兴隆魏室之计。

令狐愚，字公治，并州太原郡（治所在今山西省太原市西南）人氏，时任兖州刺史，领兵驻屯于平阿县（今安徽省怀远县西）。平阿本是扬州属下之县，在扬州州治寿春东北一百里左右。因抵御东吴之需，故而令狐愚统领兖州兵马，借驻扬州的平阿，协助驻节寿春的王凌作战。舅甥二人俱典重兵，承担淮扬军事的重任，兴隆魏室具有一定的基础。而令狐愚又曾经当过曹爽的主要幕僚，对曹爽之死深为同情，所以和王凌的想法一拍即合，极表支持。

舅甥密议的结果，认为兴隆魏室之道，在于另外拥立一位年长而又有才能的宗室近亲为皇帝。经过一番慎重选择，二人一致认定：最合适的人选是楚王曹彪。

曹彪，字朱虎，乃曹操侧室孙姬所生之子，魏文帝曹丕的异母弟。曹彪当年与曹植关系极好，两人在京城聚会之后分手各回自己的封国时，才高八斗的曹植，曾作长诗赠送爱弟，名为《赠白马王彪》，全诗情意深挚，辞彩华美，是传颂至今的名篇。其中"丈夫志四海，万里犹比邻"两句，便是后来唐代王勃"海内存知己，天涯若比邻"一联名句的原型。曹植关心曹彪，是兄弟情分使然，那么王凌和令狐愚看中曹彪，又是什么原因呢？

首先当然是年长。此时的曹彪，已届五十五岁之龄，确实也够年长的了。其次是曹彪有才，尤其长于文学。还有很关键、很重要的一点，就是曹彪的封地，长期在兖州东郡的白马县（今河南省滑县东）。这不仅给作为兖州刺史的令狐愚提供了接近和了解曹彪的有利条件，而且给今后拥立新皇帝带来很大的方便。

计议既定，王凌与令狐愚便分头开始准备。嘉平元年（249年）九月，也就是高平陵事变之后半年多，令狐愚派遣亲信将领张式，前往白马县看望曹彪。两人对坐之际，张式见左右无人，便悄声说道："令狐使君致意于大王，天下事尚未可知，愿大王珍重！"

前面已经约略提到，魏室代汉之后，对曹氏宗室近亲诸王防范极严。他们都只能定居在各自的封地，未经允许，不得擅自离开。在每一处封地，朝廷都设有专门监视亲王一言一行的官员，也就是所谓的"监国谒者"和"文学防辅"。他们视诸王为囚犯，诸王视他们如虎狼。此外，封地所在的州郡地方长官，对所辖区域内的亲王也有监督之责。此次张式前来白马，表面上就是履行监督之责。曹彪此前就认识张式，从其神色立即领悟到了对方话语中的重要含义。他也悄悄答道："请奉达使君，吾敬领其厚意！"

上面两人所说的"使君"，是指兖州刺史令狐愚。汉代的州，最初是监察区而非行政区，州刺史最初也只是奉天子之命监察诸郡的使者，故而汉魏习称州刺史为"使君"。后来，州演变为行政区，又有州牧的出现，这一称呼依然存在。曹操与刘备饮酒时，说是"天下英雄唯使君与操耳"，便是因为刘备曾任豫州牧的缘故。张式圆满完成任务，径回平阿复命去了。令狐愚得报十分高兴，很快把情况通报给王凌。

王凌随即派出一位姓劳名精的心腹到洛阳，把计划密告长子王广。王广字公渊，时年四十余岁，在中央尚书台任尚书。他是一个思虑深远而做事稳健的人，听了劳精的叙述，颇不以其父的想法为然。他要劳精马上返回扬州，把自己的意见转达给老父，他给老父说：

凡举大事，应本人情。今曹爽以骄奢失民，何平叔虚而不治，丁、毕、桓、邓，虽并有宿望，皆专竞于世。加变易朝典，政令数改，所存虽高而事不下接，民习于旧，众莫之从。故虽势倾四海，声震天下，同日斩戮，名士减半，而百姓安之，莫或之哀，失民故也。今嬖情虽难量，事未有逆，而擢用贤良，广树胜已，修先朝之政令，副众心之所求，爽之所以为恶者，彼莫不必改，夙夜匪懈，以恤民为先。父子兄弟，并握兵要，未易亡也。

王广这一番话，说的大体上都是实情。他的主要意思是说，凡是做出重大举措，一定要顺应民情。曹爽等人因为自己的严重问题，丧失民心，所以招致覆灭也得不到民众的同情。现今司马懿的真实想法虽然难以得知，但是他并没有颠覆朝廷的反逆行动，而是在奖拔人才、改善政令、体恤民众等方面，日夜努力不懈。加之他父子又掌控了朝廷的兵权，因此很难灭亡。

但是，王凌自认为力量可以和司马氏抗衡，加之王凌已年近八十，他想，不趁现今自己精力犹可之时拼力一搏，以报朝廷，今后很可能就没有机会了。因此，他不听儿子的劝阻，继续按既定计划筹备一切。

当年十一月，令狐愚再次派张式至白马与曹彪联络。张式还未回转，令狐愚却因冬寒突发重病，不数日便瞑目长逝于平阿。消息传到寿春，王凌好似当头挨了一棒，半晌说不出话来。

令狐愚之死，使王凌兴隆魏室的计划变得希望渺茫。因为这不仅使他失去了一支可观的力量，而且当新任兖州刺史来到平阿之后，又对他本人的行动构成牵制，这一出一进之间，王凌的力量即受到加倍的削弱。但是，王凌并没有停止行动的准备工作，他决心孤注一掷。促使他这样冒险的因素很复杂，既有忠臣的责任感，也有老人的固执心，而其中起主导作用的，竟然也同孙吴君主孙权一样，是迷信者的盲从意识。

原来，有"文武俱赡"美名的王凌，乃是一个异常相信星相学及其他迷信玩意儿的人。当初他和令狐愚确定曹彪为新皇帝人选，还有一个重要原因，就是当时兖州的东郡（治所在今河南省濮阳县东南）一带，曾流传两句民谣，说是"白马素羁西南驰，其谁乘者朱虎骑"。意思是说，一匹带着素色缰绳的白马，径直向西南方向的京城驰去；谁骑在上面呢？就是楚王曹彪啊！曹彪，字朱虎，他骑白马上京城，不就是去做皇帝么？所以王、令狐二人便相中了曹彪。

令狐愚死后数月，也就是嘉平二年（250年）五月的夏至节晚上，茫茫夜空出现了一幕罕见的天文现象。用史书所载的话来说，是"荧惑逆行，入南斗"。所谓"荧惑"，即是今日所说的火星。"南斗"，即是二十八宿中的斗宿，共有六颗组成斗形之星，与有七颗星的北斗不是一回事。按照当时星相家的说法，二十八宿中的斗、牛、女三宿，与地上的扬州相应；凡此三宿中出现的天文现象，都将从扬州境内的人事变化中得到体现。另外，他们还认为荧惑的星相，直接和人间的君主相关联。那么火星反向运行进入南斗的星域，究竟主何吉凶呢？一个名叫浩详的星相家告诉王凌，说这预示着淮南"当有王者兴"，即将有帝王从这里兴起。王凌信以为真，更加觉得拥立曹彪之事上应天象，必定成功无疑。

王凌在扬州这边加紧准备，却万万没有想到有人已在京师那边把他的秘密泄露了出去。原来，当初令狐愚在世时，曾有一位心腹幕僚叫作杨康。有关拥立曹彪之事，杨康都完全了解。令狐愚生病之后，杨康应朝廷之召，到洛阳报告兖州的州务情况。汉魏制度规定：各州各郡每年年底之前，须将每项行政事务的成绩统计之后汇总，并派官员到京城的司徒府报告，这在当时特称为"上计"。司徒将据以考核州郡政绩之优劣，以定赏罚。杨康入京不久，突然得到令狐愚病死的消息，他不禁发起愁来。因为旧刺史身亡，很快就有新刺史到任，"一朝天子一朝臣"，自己这个幕僚很可能就当不成了，今后又在何处求生活呢？

愁闷之中，杨康便坏了心术，竟想出一个卖主求官的主意来。于是，他跑到司徒府中，把令狐愚如何与王凌通谋之事彻底告发。司徒高柔，也就是高平陵事变中受司马懿之命进驻大将军营的那一位，听了杨康的检举后大吃一惊，立即亲赴太傅府向司马懿报告。

司马懿得报后并未表现出意外的神色。相反，他心中倒是暗自高兴。为什么呢？王凌既不愿归顺自己，那就要及时铲除他，不能把问题留给后辈解决。王凌位为三公，出镇方面，要铲除他须得有非常正当的理由和非常合适的时机。现在你想对抗天子拥立新君，这正当的理由也就有了。余下的问题，是要选择合适的时机。司马懿准备稍等一段时间动手，原因有二：从政治上考虑，去年才大开杀戒，让曹爽等数百人的鲜血洒在京都的郊野，如果今年又大动干戈，把屠刀挥向年近八十的四世老臣王凌，恐怕对自己树立新形象，争取人心的努力不利。再从军事上考虑，他也得有些时间预作部署。于是，他立刻命人把杨康软禁起来，同时又吩咐高柔，对杨康所提供的情况要严加保密。由于司马懿及时采取措施，结果在一年的时间里，王凌对秘密泄露一事毫无觉察。

物换星移，又是一年芳草绿。嘉平三年（251年）正月，从孙吴方面传来消息：七十岁的吴主孙权，为了防备魏军在自己去世之后直捣都城建业（今江苏省南京市），下令动员十万人丁，在正对建业的长江北岸，一处名叫堂邑（今江苏省南京市六合区北）的地方，筑堤堵塞当地的涂水，以淹没北岸大片地区。王凌得报，立即上奏朝廷，请求大举出兵反击。他的想法是，只要从中央得到调兵的虎符，即可借机举兵起事。他的上奏，当然得不到司马懿的批准。王凌无可奈何，只好焦急等待下一次机会。

由于起事心切，王凌竟然走出了相当草率的一步。此时，新任兖州刺史已经来到平阿，其人姓黄名华。黄华本是凉州酒泉郡（治所在今甘肃省酒泉市）的地方势力首领，二十多年前曾割据酒泉，与曹魏政府相抗。后来山穷水尽，便举手投降，从此改换门庭入了正流。经过多年的努力争取，他好不容易才挣到一个州刺史来当当。就是这样一名角色，王凌竟想争取他来做令狐愚第二。黄华到职不久，王凌即派帐下心腹将领杨弘去平阿，劝说黄华参加兴隆魏室的义举。殊不知杨弘没有说服黄华不说，反而和黄华联名写了一封检举王凌的上奏，连夜送往京都。司马懿收到表奏，认为动手时机已到，立即秘密下令，调集数万中央军精锐兵马，将以迅雷不及掩耳之势，一举剪灭王凌。

五月初二日丙午，司马懿悄悄率军出发。为了保持机密性，连往常他出兵时，天子要亲临送行这一项表示殊荣的仪式也取消了。大军离开京都，登上舟船，经黄河，向南入蒗荡渠（即秦汉之鸿沟），扬帆南下。六昼夜后，军行八百里，来到豫州汝南郡项县（今河南省沈丘县北）以北十里处的百尺堰。这百尺堰是曹魏在颍水屯田区修建的大型灌溉工程，正处于蒗荡渠南端与颍水的交汇点上。由百尺堰再沿颍水顺流而下，三四天之内，即可抵达王凌所在的寿春（今安徽省寿县）城下。司马懿进至百尺堰，对寿春形成大兵压境之势后，便下令暂停进军，准备向王凌实施攻心战术。

尽力争取不战而胜，这是司马懿惯常的用兵策略。以往对付诸葛亮和曹爽是如此，现在对付王凌也是如此。他先以朝廷名义下达公开文书，在列举王凌诸般罪状之后，又宣布对王凌之罪加以特赦，算是威恩并举。同时，他又命令随军前来的王广，写信劝告其父，早日主动向朝廷谢罪，不要负隅顽抗。朝廷文书与王广家信，立即由特使送达王凌。特使出发后，司马懿传令各军，做好进攻扬州的准备。

在扬州方面，司马懿的大军还未到达百尺堰时，王凌已得到一点消息。直到这时，他都不知道杨康在京师告发了自己，黄华和杨弘也把联名上书之事瞒得滴水不漏。因此，他虽然怀疑司马懿来意不善，但又总觉得对方未必就知道自己的底细。于是，他一面派出快马驰往百尺堰方向，送去向太傅致意的书信，企图探明司马懿动兵的意向，一面又动员本部万余兵马，做好应变的准备。他自己则率领幕僚和数百精锐亲兵，由寿春乘轻舟溯颍水而上，专候使者带回消息之后，好尽快决定对策。

他离开寿春时，派出了第一批信使。走到途中，又接连派出两批信使。但是，眼看已经西出寿春三百里有余，三封致意的书信均无回音不说，就连十余名信使也没有回来一个。王凌终于明白大事不妙。他正要下令回转寿春，司马懿的特使却赶到了。

王凌停舟之处，当时名叫浦口，其地西距百尺堰也有一百里左右，与后来南京市的浦口是两回事。当他看罢朝廷文书和儿子家信之后，立时明白自己已经陷入绝境之中。

武力抵抗须有实力作后盾，而现时双方的实力对比悬殊。由于得不到中央的调兵命令和铜虎符，身为都督扬州诸军事的王凌，也无法大规模调集东南战区的全部军队。现时他所能调遣的，只有直属本部兵马一万余人。而对方麾下有中央军精兵五万人，随时能够动员的后备兵力还未计算在内。加之兖州的黄华与杨弘已经站到司马懿一边，战端一开，王凌还将受到平阿方向的威胁。对方大兵已经压境，即使王凌想强征民丁入伍扩充军队，也没有充分的时间了。总而言之，王凌如若要凭借寿春城池拼死相抗，除了白白牺牲成千上万人的生命外，别无其他结果。

年近八十的王凌，倒也不愧是一条铁骨好汉。当他看到抵抗已经没有意义，只会导致寿春城军民玉石俱焚的后果后，仰天长叹一番，决定单舟直往司马懿军前辞职谢罪，独自承担一切后果。

五月初十日甲寅，五鼓过后，东方刚现曙色，王凌的座舟即悄悄出发了。他独坐船头，仰望满天星斗，思绪万千。

去年稍晚些时候，在寿春，也是对着这一天繁星，他看到了进入南斗的荧惑。如今，这颗明亮的大星消失了，自己的雄心壮志亦化作落花流水。往事不堪回首，未来又将如何？就在默默的沉思之中，他当天午后抵达了一处名叫丘头（今河南省沈丘县东南）的地方。

丘头在百尺堰东南五十里。司马懿在百尺堰稍事停留后，继续挥军东下。行至丘头，侍从来报，说是太尉王凌派遣幕僚王彧，前来呈交王凌的太尉印绶、节杖，并送王凌亲笔谢罪书信一封。高坐船楼的司马懿，把印绶和节杖扫了一眼，露出一丝不易觉察的微笑。他把来信展开，只见上面写道：

> 身陷刑罪，谬蒙赦宥。今遣掾送印绶，顷至，
> 当如诏书自缚归命。虽足下私之，官法有分。

这就是王凌的投降书。司马懿率数万精兵奔驰千里，目的也正是要得到这寥寥三十余字。他把来信一连看了三遍，然后吩咐部属准备迎接来降的王凌。

受降如御敌，此乃中国兵家的座右铭。只见丘头附近的水面上，战船如飞雁队形排开。船上旌旗飘拂，刀矛闪光，一片肃杀气象。居中是一艘三层楼船，长十余丈，髹以彩漆，

上建大旗，这就是主帅司马懿的座舟。列阵刚毕，王凌的船也到了，须发皓白的魏朝太尉，双手反缚，赤裸上身，跪于船头之上。待他来到前锋战船前面时，便有太傅府的幕僚上船，为他解缚穿衣，并致慰劳之语。至此，受降仪式便在上万人的注视之下结束。

王凌松了一口大气，便下到旁侧一艘小船，准备前往楼船去见司马懿。他以为司马懿命人替他释缚穿衣，是真正要赦免他无罪的表示。不料行驶到距楼船还有十余丈远时，便有两艘战船上前把他截住不准前进。王凌这才知道情况不容乐观，只得遥遥对楼船上的司马懿说道："卿以一纸短柬召我，我即会单身而来，何须如此兴师动众啊！"

高坐楼头的司马懿，傲然俯视对方，朗声答道："因为卿非一纸短柬所能召来之人也！"

王凌仰望着高高在上的司马懿，心想你也太心狠手辣了，便愤然指责道："卿对不起我！"

司马懿依旧是居高临下的傲然态度，缓缓答道："我宁可对不起卿，也不能对不起皇上！"

两位年过古稀的老头子，两位魏朝的四世元老，就这样旁若无人一般在颍水的江面之上打了一阵嘴仗。司马懿怕王凌还会说出更加难听的话来，遂把手一挥，立刻从拦截王凌的战船上跳出两名武士，一左一右提起王凌丢上战船。然后，那战船在四艘巡江轻舟的警卫下，径向码头驶去。

按照司马懿的指示，江西岸的码头上早已有六百铁骑在恭候。王凌一被押送上岸，即将由他们带回京都。舍舟登岸，已是红日西下之时，王凌举目四望，但见川原苍茫，残阳如血，不禁悲从中来。他想知道此去生死如何，便向警卫队长索要钉棺盖的铁钉，以试司马懿之意。经过请示，那队长把两枚长长的棺钉放到王凌面前。王凌自知必死，也就不再犹豫。当天深夜，王凌一行来到百尺堰以南的项县（今河南省沈丘县）。在驿馆之中，王凌长叹道："行年八十，竟然身名并灭了！"言毕，仰饮毒药而死。

司马懿在丘头送走王凌，赓即率军前往寿春。为令狐愚出使白马的张式，眼看大祸临头，急忙坦白自首。司马懿抓住线索深入追查，凡参与王凌、令狐愚行动者均诛灭"三族"，寿春城外的荒野上，又是一片血流红！

杀了活人，还要刑及死者。司马懿下令发掘王凌、令狐愚的坟墓，撬开棺木，把尸首分别在项县和寿春暴露三天。然后一把火烧掉二人的印绶、冠服，以裸尸入土安埋。据说这是效法《春秋》所载的古代典章。

还没有当上皇帝的曹彪，也随之倒了大霉。一个月后，在朝廷特使的监督下，曹彪被迫自杀。其王妃与子女全部贬为平民，并被迁移到平原郡（治所在今山东省平原县南），由当地政府严加看管。曹彪封地的王国官员及监国谒者多人，以知情不报，辅导无方之罪，全部斩首示众。

为了杜绝另外拥立曹氏宗室为帝的事情发生，司马懿下令：魏朝的宗室近亲王公，全部从各自的封国，集中移居到邺城（今河北省临漳县西南），由中央派员监察管理。王公彼此之间，王公与外界人士之间，一律不得擅自来往。昔日赫赫魏王国的国都，至此成为集中关押大魏皇朝天潢贵胄的现成监狱。监狱的首任看守长是谁？司马懿的第五子司马伷是也。此后接任者，则是大名鼎鼎的"竹林七贤"领袖人物山涛。这位昔日的竹林名士，也开始了他人生的大变脸，抛却过去林下高逸的风致，跳进而今庙堂热火的官场，成为汉代士风向晋代士风转变的典型和范本。

处理完众事，司马懿开始起程回京。这正是：

白发挥刀诛白发，腥风才罢又腥风。

要想知道司马懿此番剿灭了王凌，能不能从此过上安生的日子，请看下文分解。

第二十章

梦断洛阳

　　嘉平三年（251年）五月底，司马懿从寿春回到了京城洛阳。

　　皇帝一如既往，向他殷勤致意。先是派遣特使迎接并慰劳三军将士，接下来又下达策书，任命他为相国，晋封安平郡公，食邑凡五万户，子孙封侯者多达十九人。

　　相国一职，和丞相职权相同，当时都非寻常人臣所得出任者。另外，曹魏制度规定：异姓最多封侯，不得享有王、公两级的爵赏。如今皇帝任命司马懿为相国，赐封公爵，其盛情厚意，也算是破天荒了。

但是，司马懿坚持不接受这样的高官厚爵。

除了政治上的考虑外，最主要的原因，是他自感疲劳已极。这种身心俱疲的感觉，此前他还从未有过。精力和体力极度透支的他，现在最想要的，既不是虚名，也不是实利，而是清清静静的休息和舒舒服服的调养。作为身外之物的名利，对他来说已经没有什么吸引力，他实在太累了！

出乎他意料的是，休息和调养，都没有使自己的精力得到基本的恢复。相反，进入炎夏六月之后，他甚至生起病来。这一次，就不是假病而是真病了，头晕目眩，呼吸不舒，四肢阴冷，食欲消退，诸般症候一齐出现，倒把太医们弄得智穷力竭，束手无策。在这茫茫尘世，大概只有在疾病和死亡的面前，才真真正正实现了人人平等，特权作废。司马懿，叱咤风云的政治强人，可以随心所欲操纵他人的生死，但却无法制止自己的生命走向衰亡。

其实，他的病因很简单。当初他预料诸葛孔明将不久于人世时，曾对人有"食少事烦，其能久乎"的话语。现今套用这八个字来形容他的病因，可谓"年老事烦，其能久乎"！

"事烦"这一条是不言而喻的。自从高平陵事变之后他独操朝廷军政大权以来，各个方面的重要事务他都得过问，都得思考，都得做出决策。除此之外，他还得分出一部分精力，用来防备政敌的反抗。总而言之，这两年多既是他政治生涯的巅峰，也是他从政之后事务最为繁忙，且压力最为沉重的时期。

至于"年老"这一条，也是明摆着的事实。司马懿此时虚岁已七十有三，在宦海恰好浮沉了整整五十个春秋。与同辈人相比，他已是得享高寿之人。而他的得享高寿，是他能够夺取曹魏最高权力的关键性因素。魏文帝曹丕享年四十；魏明帝曹叡，史传说他享年三十六，然而据笔者撰文考证，他实际上只活了三十四岁。父子享年相加七十四岁，仅相当于司马懿一人的寿数。如果曹丕父子能再活得久一点，不用多，都活到四十五岁，两人相加得九十岁的话，比实际的七十四岁就多出了十六年。而司马懿是在魏明帝曹叡死后的第十二年死的。换言之，如果曹丕父子都能享寿四十五，那么司马懿就将死在君权独揽的曹叡之前。这样一来，司马氏取代曹氏的政治变化即会成为泡影，此后的历史就有可能是另一番走向和格局了。因此之故，单从养生的角度来观察，司马氏与曹氏两个家族之争，乃是比赛寿命长短的竞争。

寿命的短长，一般来说具有偶然性，所以司马氏代魏似乎也含有偶然的因素。人类历史上重大事件的发生，往往有偶然因素起作用，这是尽人皆知的事实。但是，司马懿比曹丕父子寿高这一点，深究起来也不全属偶然。何以见得呢？

从家庭熏陶来看，司马懿出身于河内郡（治所在今河南省武陟县西南）的儒学大族。从出生时代来看，他又属于东汉献帝建安年间之前成长起来的一代。建安年间是士大夫思想作风急剧变化的时期。变化的主流之一，便是积极献身群体，克制个人欲望的儒家思想衰退，追求自身愉悦，轻视社会贡献的庄子思想兴起。自幼受家学熏陶，又成长在儒家思想尚未大衰退的时代，所以司马懿在个人生活方面比较自律。他提倡节俭，也不纵欲，妻妾不多，而且遇事能够自我排解，即使收到诸葛公送来的女人衣饰也不真正动气。坚持孔孟提倡的养身养气之道，是他得享高寿的重要原因。反观曹丕父子，儒学渊源基本谈不上，又都成长于思想作风大变动时期之中或以后，因此，父子二人的个人生活都有共同特点，即放纵自恣，特别是色欲过度一事最为突出。曹丕在其《芙蓉池作诗》的诗句中即曾写道："寿命非松乔，谁能得神仙？邀游快心意，保己终百年。"反正都要死，不如纵情享乐一生，舒舒服服活到死算了。殊不知情欲一纵，要想长寿百年势不可能。由此可见，司马懿之所以比二曹父子寿高，与他们分属不同家族和不同时代大有关系，其中还有文化因素在起作用，并非全属偶然。

不过，寿数再高也有尽时。而今，司马懿已接近其人生旅途的终点。对此，连他自己都有预感，因为在这季夏之夜，他做了一个可怕的噩梦。

这一日，天气酷热异常。入夜之后，仍然没有一丝凉意。司马懿偃卧病榻之上，似睡而非睡。如烟的往事，不断在他眼前浮现出来，复又袅袅散去。不知不觉间，他想起上月从寿春回京时路过项县（今河南省沈丘县北）时的情景。

项县当时是豫州汝南郡的大县，位于颍水的南岸边，曾长期是豫州刺史驻屯之地。当时的项县，有两处著名的建筑。一处是城北十里的百尺堰，另一处则是北门外颍水岸边的贾逵祠。

贾逵，字梁道，司州河东郡襄陵县（今山西省临汾市东南）人氏。他历事曹操、曹丕和曹叡三世，均以忠诚、干练、刚烈著称。贾逵生前长期出任豫州刺史，政绩卓著，遗爱深长。死后豫州吏民追思不已，遂在颍水之滨刻碑立祠，岁时伏腊，致敬者络绎不绝。魏明帝曹叡东巡路经项县，不仅亲入祠堂参观，而且还专门下了一道诏书，文曰：

　　昨过项，见贾逵碑像，念之怆然。古人有言：
"患名之不立，不患年之不长。"逵存有忠勋，没
而见思，可谓死而不朽者矣。其布告天下，以劝
将来！

　　意思是说，昨天经过项县，看到贾逵祠中的碑刻和神
像，想到他生前的往事，不禁悲怆不已。古人曾说："只担
心名声不能建立，不担心年龄活得不长。"贾逵建立了忠诚
的功勋，死后受到人们的思念，可以说是死而不朽的人了。
要向天下发布文告表扬他的事迹，以勉力将来担任职务的官
员们！

　　从此，贾逵祠即著名于曹魏境内，凡经此地的文武官
员，照例都要到此瞻仰致敬一番。司马懿当初在曹操手下效
力时，即与贾逵有同僚之谊，自然更不例外。此次从洛阳赶
往寿春，军情紧急，故而无暇上岸入祠。淮扬平定后回转
京城洛阳，他特地上岸在项县停留了一天，准备到贾逵祠
抒发怀念同僚的幽情。因为他知道，此后来到项县的机会不
多了。

　　不料这一次贾逵祠之行，给他留下的却是很不愉快的
感受。

那是司马懿到达项县的次日上午，他在侍从的簇拥下舍舟登岸。到达祠前，他挥退卫士，只带一名随身侍从，缓步入门。贾逵祠的面积虽不大，但因摒除了一切外人，所以显得格外宁静、肃穆。居中的享堂之上，绘有贾逵立身巨幅壁画像，色彩鲜明，毫发毕现，特别是一双眼睛灼灼逼人，充分表现出贾逵性格刚直的个性。往昔来此，司马懿最爱在画像前流连，与作古的故人做一番精神上的交流。今天，他也是这样，肃然直立，仰观故人。正凝视间，他忽然想起一件事来。

原来，当初他从丘头出发前往寿春时，就得到王凌自杀的详细报告。报告中说到，王凌被押至项县，曾经从贾逵祠前经过，他面对祠门大声高叫道："贾梁道，我王凌乃是忠于大魏社稷之臣，尔之神灵，必定知晓啊！"

想起王凌临死前在这里的呐喊，再来看贾逵的严毅面容，司马懿陡然感到很不自在。他总觉得贾逵那犀利的目光正注视着自己，不仅要射入装满秘密的内心，而且好像在追问："你是忠于大魏的社稷之臣么？你是忠于大魏的社稷之臣么？"

他打了一个寒噤，感到背上有些发麻。于是，他转身便走出门去，再也没有回头。当天中午，船队即离开了项县。

　　尽管事情已经过去一月有余，但至今司马懿想起来仍然很不舒服。暗夜之中，似乎有王凌呐喊之声传来，又好像有贾逵炯炯目光在闪现。一直到四鼓之后，他才昏昏沉沉睡去。

　　入睡不久，他便做了一个噩梦。先是贾逵立在云端，怒目圆睁，厉声斥责他并非大魏的纯正之臣。接下来云海忽然化作滚滚波涛，水面之上，王凌赤膊披发，面目狰狞，手持明晃晃的利刃，如旋风一般扑到面前，要向他索讨命债。司马懿大叫一声，突然惊醒。此刻，远处传来五鼓的鼓响，他才意识到这是南柯一梦。

　　日有所思，夜有所梦，这本是不难理解之事。不过，由于神衰体弱，久卧病榻，司马懿已经有一些精神病的症状。老年人的固执，又使这种症状有所加深。于是，他认定此一噩梦乃是贾、王二人的魂灵在作祟，是自己死期将至的预兆。精神一崩溃，他的病情遂急转直下。

　　进入初秋七月，天气转凉。司马懿抓紧时间，安排身后之事。长子司马师，自然是自己的接班人，已经安排在卫将军的关键位置上。次子司马昭，也已经出任安东将军，握有镇守陪都许昌的方面军事大权，是其兄的坚强支柱。为了确保资望较浅的司马师能够顺利接班，司马懿在本月又把自己的胞弟司马孚，从尚书令提升为朝廷主管军事的三公之首太尉。如此一来，军中要职悉由司马家人担任，自己眼睛一闭也不会出现大问题了。

接下来他开始"预作终制"。所谓"终制"，即关于丧葬诸事的规定，类似现今的遗嘱。司马懿的终制内容，主要有以下四项：

第一，墓地选在京城洛阳东北八十里处的首阳山。入葬后灵柩顶上不起坟冢，不种树木，保持入葬前的地貌不变，这叫作"不坟不树"。这样做的目的，是要让后世之人不知其处，以免盗墓的事情发生。当初魏文帝曹丕未死之前，也把墓地选在首阳山，而且也预作终制，规定要不坟不树，后人若有违背，便是"不忠不孝"。此事是司马懿的亲身经历，他如法模仿完全可以理解。

第二，入葬前的大敛，只能穿平常衣着，不得着以官方的朝服冠冕。墓室之内，不放专门用来殉葬的各种器物，即所谓的"明器"。这虽然也有防止盗墓者觊觎之意，却也可以从中看出司马懿的生活作风相当俭朴。

第三，以后有去世之家属，一律不得要求与自己合葬。因为合葬必须掘开坟墓，他不愿再受惊扰，唯求永远安宁。

第四，今后子孙家属，不得到自己的墓地举行谒拜之礼，违者就是大不孝。司马懿定出如此严格的禁令，是怕高平陵事变今后在自己家族身上重演。魏少帝登基十年未谒先帝之陵，第一次谒陵便让曹氏皇族遭受沉重打击，大伤元气，这教训实在是深刻之至，他不能不吸取之。

做完应做的一切之后，司马懿便不再耗心神于人事。他静静躺在病榻之上，等候那最后一刻的到来。

八月秋风吹洛水，无边落木满京华。嘉平三年（251 年）八月初五日戊寅，魏朝太傅司马懿，在萧瑟秋风之中永远闭上了眼睛，终年虚岁七十三岁。

九月十八日庚申，按照死者终制的规定，其遗体入葬于首阳山麓。

司马懿的生命虽然结束，由他发动起来的司马氏代魏进程却并未终止。十四年后，改朝换代的政治变革终于成为现实。

权力的接力棒首先交到司马师的手中。司马师仿照其父的策略，一面广修德政，树立崭新形象，一面抓紧兵权，镇压敌对势力。他废黜了不安心当傀儡的皇帝曹芳，改立曹芳族弟曹髦为天子。接着，又出兵淮扬，击败同样据守寿春、举兵反抗的镇东将军毌丘俭（毌丘是复姓，毌字的读音同"贯"）、扬州刺史文钦。司马师掌权四年，四十八岁时因眼部肿瘤病死。

司马昭从其兄手中接过曹魏的军政大权。他继续全力消灭敌对势力的反抗。同样也在寿春起兵声讨司马氏的征东大将军诸葛诞，被他以大兵二十六万围攻屠戮，终于城破身亡。意欲亲率禁卫军进攻司马昭以夺回权力的新皇帝曹髦，也被他的部下杀死在皇宫门前。至此，拥曹势力被彻底清除剿灭，司马昭开始向境外用兵，建立功勋。魏元帝曹奂景元四年（263年）十一月，魏军攻占蜀汉的京城成都，蜀汉政权灭亡。司马昭以平蜀之功，提升爵位为晋王，食邑二十郡，并进位为相国。其嫡长子司马炎，则以抚军大将军的身份，辅佐相国处理政事。司马昭掌权十年，五十五岁时病死。

当权力的接力棒传到司马炎手中时，晋室代魏的时机已经完全成熟。魏元帝咸熙二年（265年）八月，司马炎继承父位为相国、晋王。当年十二月，魏帝即在洛阳宣布禅位于晋，西晋皇朝正式建立。自曹丕代汉称帝起，立国凡四十六年的曹魏，至此灭亡；而自高平陵事变起，司马氏代魏的十七年进程，则至此成功。

凭借着灭蜀代魏后形成的巨大综合国力优势，十五年后的公元280年，司马炎又攻灭了孙吴。在分裂的战火之中挣扎了将近百年之久的中国，终于复归于统一，并进入安居乐业的太康十年。

虽然有道是"天下大势，分久必合，合久必分"，但若纵观中国古代历史，合，毕竟是顺乎民心的主体潮流。因为"合"就是统一，"分"就是分裂。对于广大民众而言，分裂就意味着战争、饥饿、灾荒、流亡等悲惨苦难。只有在统一的政局之下，民众才有可能过上安定舒心一点的日子。既然"合"是顺乎民心的主体潮流，那么对于这位奠定西晋统一天下政治基础的司马懿，当下我们又该如何评说他呢？

其实，怎样评说古人，并无固定的模式，全看各自的着眼点如何，正所谓"仁者见仁，智者见智"。因此之故，在这本小书中，笔者不想自己跳将出来，给司马懿搞一个盖棺论定。本人只想提供历史事实，让敬爱的读者据此自下判断。

但是，在全书即将结束之时，我愿把一千三百六十年前唐太宗李世民对司马懿的一篇专门评论抄录于下，供读者参考参考。这篇评论记载于"二十四史"之一的《晋书》。唐代官修的《晋书》，载有唐太宗的史论四篇，专门评论司马懿、司马炎、陆机和王羲之四人。如果读者有朝一日得到逍遥游的机会，西至陕西省礼泉县的九嵕山游览了唐太宗的昭陵，又东至洛阳的首阳山麓司马懿长眠之地访古寻幽，在夕阳残照之中，于古木苍藤之下，展卷细读这一篇文字，尽管你不一定完全同意其看法，但是定然别有一番感受在心头。原文使用当时流行的骈体文写成，分段附有笔者译文如下：

> 夫天地之大，黎元为本；邦国之贵，元首为先。治乱无常，兴亡有运。是故五帝之上，居万乘以为忧；三王以来，处其忧而为乐。竞智力，争利害，大小相吞，强弱相袭。

天地之间的重大者，以黎民百姓为根本；国家之中的高贵者，以君主为首位。社会的治乱没有常态，朝代的兴亡自有运数。所以在五帝之前，在位的君主都能以职责为忧；而自夏商周三朝之后，在位君主不再忧心天下而是自我享乐。从此各代王朝以智力相竞争，为利害相争夺，大小之间相吞并，强弱之间相传袭。

> 逮乎魏室，三方鼎峙，干戈不息，氛雾交飞。宣皇（指司马懿，司马炎称帝，追尊懿为宣皇帝）以天挺之姿，应期佐命，文以缵治，武以棱威。

用人如在己，求贤若不及；情深阻而莫测，性宽
绰而能容。和光同尘，与时舒卷；戢鳞潜翼，思
属风云。饰忠于已诈之心，延安于将危之命。观
其雄略内断，英猷外决，殄公孙于百日，擒孟达
于盈旬，自以兵动若神，谋无再计矣。

到了曹魏皇朝，三国鼎立，战争不息，风云飞腾。宣皇
帝司马懿以天生的英姿，响应时代趋势辅佐皇朝，说文能
够集中治理政务，说武又能够显示军威。使用人才能够充
分发挥其作用，访求贤才生怕会有所遗漏；他的性格深沉莫
测，他的气量大度能容。他还能与人群打成一片，根据形势
进行拓张或收敛；他长期低调做人，未来再求龙虎飞腾。他
在已有奸心时，能用忠诚模样来加以掩饰；又在处境危险
时，能够安然度过重重难关。看他雄才大略内心果断，英明
决策向外实行，竟然在百日内消灭了公孙渊，十多天内擒杀
了孟达，自认为做到了用兵如神，计谋没有筹划第二次的需
要了。

既而拥众西举，与诸葛相持。抑其甲兵，本
无斗志；遗其巾帼，方发愤心。杖节当门，鸿图

顿屈；请战千里，诈欲示威。且秦、蜀之人，勇

懦非敌；夷险之路，劳逸不同：以此争功，其利

可见。而反闭军固垒，莫敢争锋；生怯实而未前，

死疑虚而犹遁，良将之道，失在斯乎！

司马懿统兵向西作战，与诸葛亮相持。他抑制部下的甲
兵，本来并无决战的斗志；直到对方送来女性的衣装，他又
表现出愤怒的神情。朝廷派来的辛毗手持节杖立在军门，使
他的作战意图受到阻止；而他千里迢迢派使者去朝廷请战，
乃是假装要去显示军威。你关中的魏军，要比蜀中的蜀军勇
敢；而且你在平原，对方却要翻越险峻的山岭，双方的劳累
程度完全不同；在这样的情况下与对方争夺战功，你显然占
据有利的条件。可是你反而深沟高垒，关闭军门，不敢与对
方一争高下；诸葛亮活着时你害怕其实力不敢向前，他死了
你又担心消息有假撒腿跑了，作为一名优秀的将领，你恐怕
在这方面是有缺陷的啊。

文帝之世，辅翼权重。许昌同萧何之委，崇

华甚霍光之寄。当谋竭诚尽节，伊、傅可齐。及

明帝将终，栋梁是属；受遗二主，佐命三朝；既

承忍死之托，曾无殉生之报。天子在外，内起甲
兵；陵土未干，遽相诛戮：贞臣之体，宁若此
乎？尽善之方，以斯为惑。

魏文帝之时，你拥有辅翼的重权。让你镇守陪都许昌，
有如汉高祖对萧何那样的委任；而在崇华殿接受文帝的临终
寄托时，责任又重于西汉的辅政大臣霍光。你应当考虑如何
竭尽忠诚节操，如果这样的话可以同古代的伊尹、傅说相媲
美。到了魏明帝将死的时候，又把你当作朝廷的栋梁支柱。
你受两代君主的临终托付，当过三朝的辅政大臣；魏明帝还
忍死等你入宫面见，你既然承受了他的嘱托，却没有以自己
的生命去报答。谒陵的天子还在京城之外，你就在城内出动
甲兵；明帝的墓土未干，你就大肆屠杀：忠贞大臣的本分，
难道就像这样吗？以尽善尽美的标准来衡量，你这方面就很
有问题了。

夫征讨之策，岂东智而西愚？辅佐之心，何
前忠而后乱？故晋明掩面，耻欺伪以成功；石勒
肆言，笑奸回以定业。古人有云："积善三年，知
之者少；为恶一日，闻于天下。"可不谓然乎！虽

自隐过当年，而终见嗤后代。亦犹窃钟掩耳，以
众人为不闻；锐意盗金，谓市中为莫睹。故知贪
于近者则遗远，溺于利者则伤名；若不损己以益
人，则当祸人而福己；顺理而举易为力，背时而
动难为功；况以未成之晋基，逼有余之魏祚？虽
复道格区宇，德被苍生，而天未启时，宝位犹阻；
非可以智竞，不可以力争。虽则庆流后昆，而身
终于北面矣。

比较你用兵征讨的策划，怎么会在东面的辽东和上庸无
比智慧，而在西面的关中却相当愚蠢？再比较你辅佐皇室的
用心，为何又会在前面辅佐曹叡时那么忠诚，而在辅佐后面
曹芳时那么乱来？难怪后来东晋明帝司马绍听说祖先如何取
代曹魏的成功往事时，会为你的欺诈虚伪感到羞耻，因而把
脸掩盖起来；而后赵的石勒更是放肆言辞，耻笑你是使用奸
诈手段，欺负曹魏皇室的孤儿寡母才奠定自己的基业。古人
说过："积善积了三年，知道的人还少；作恶只作了一天，
天下人就都晓得了。"确实是这样的啊！虽然在当时你能够
隐瞒过错，可是到后世终于被人嗤笑。就好比掩耳盗铃，以
为众人都没有听见铃声；一心盗窃市场上的黄金，以为来往

的人们都没有看见。由此可知，近处的贪婪者，躲不过远处的眼睛；沉溺于利益者，就会伤害其名誉。如果不能克己以利人，则将害人而利己。顺应道理者容易着力，违背时势者难以成功；何况你还是运用尚未完成的晋朝基础，去逼迫拥有剩余势力的曹魏政权？就算是你的道德布满天下，润泽遍及苍生，如果上天还没有开启你的主宰时刻，你要想登上皇帝的宝座，依然会受到阻隔，这不是可以用智慧去竞争得到，可以用力量去夺取得到的。因此，虽然你后代的子孙受到好处当上了皇帝，但是你本人，在生前却只有充当人臣的份儿了。

看完上面唐太宗的评论，不知你的意下如何？这正是：

盖棺论定唐宗语，见智见仁我自知！

本书至此结束，读者诸君如果意犹未尽，请看本系列的其他作品。

附录一

司马懿大事年谱

公元	干支	帝王年号	大事
179	己未	汉灵帝 光和二年	司马懿出生,虚岁一岁。祖籍司隶校尉部河内郡温县孝敬里。其父司马防,时年三十一岁。
190	庚午	汉献帝 初平元年	十二岁。正月,关东诸州郡起兵声讨董卓,司马懿随兄朗由洛阳回转故乡温县。旋又随兄避乱黎阳。
194	甲戌	汉献帝 兴平元年	十六岁。从黎阳回温县。同郡杨俊见之赞曰:"非常人也!"尚书崔琰谓其兄朗曰:"君弟聪亮明允,刚断英特,非子所及也。"

公元	干支	帝王年号	大事
201	辛巳	汉献帝 建安六年	二十三岁。出任河内郡上计掾。时曹操为司空，闻其名而辟之。辞以风痹，操使人夜往刺之，坚卧不动，得以过关。
208	戊子	建安 十三年	三十岁。六月，曹操为丞相，大辟掾属，以司马懿为文学掾，使之与其子曹丕游处。其后历任黄门侍郎、议郎、丞相东曹属、丞相主簿。是岁，长子司马师生。三年后，次子司马昭生。
215	乙未	建安 二十年	三十七岁。从曹操攻张鲁于汉中，建计乘胜取蜀。操不从。
217	丁酉	建安 二十二年	三十九岁。十月，魏王曹操立子丕为太子，置官属。司马懿迁太子中庶子。每预大谋，辄有奇策，为太子所信重，与陈群、吴质、朱铄号为"四友"。是岁，长兄司马朗染疾疫，死亡。
218	戊戌	建安 二十三年	四十岁。迁丞相府军司马，建计且耕且守，于是务农积谷，国用丰足。
219	己亥	建安 二十四年	四十一岁。关羽北攻襄、樊，威震华夏，曹操欲徙都于河北，司马懿力谏，并献计说吴攻蜀，曹操从其计。吴遂西取荆州，袭杀关羽。是岁，其父司马防死。
220	庚子	汉献帝延康元年、魏文帝黄初元年	四十二岁。正月，曹操死于洛阳，懿助理丧事，并护送灵枢还邺城。二月，曹丕继位为丞相、魏王，封懿为河津亭侯，任丞相府长史，转督军御史中丞。十月，曹丕代汉称帝，懿因与群僚劝进，封安国乡侯。

续　表

公元	干支	帝王年号	大事
221	辛丑	黄初二年	四十三岁。迁侍中、尚书右仆射。
224	甲辰	黄初五年	四十六岁。七月，曹丕东征孙吴，留懿镇许昌。转任抚军大将军，假节，加给事中，录尚书事。固辞，不许。
225	乙巳	黄初六年	四十七岁。三月，曹丕再度东征，复命懿留后镇守许昌。临行，丕谓懿曰："吾深以后事为念，故以委卿。曹参虽有战功，而萧何为重。使吾无西顾之忧，不亦可乎？"
226	丙午	黄初七年	四十八岁。五月，魏文帝曹丕疾笃，立曹叡为皇太子，召曹真、陈群与懿于嘉福殿，同受命辅政。丕诏太子曰："有间此三公者，慎勿疑之。"八月，孙吴攻江夏，懿督诸军御之，破吴军。迁骠骑大将军，封舞阳侯。
227	丁未	魏明帝太和元年	四十九岁。六月，受命出屯宛城，加都督荆、豫二州诸军事。十二月，出兵奔袭新城太守孟达于上庸。
228	戊申	太和二年	五十岁。正月，破上庸，斩孟达。又执送魏兴太守申仪于京师，徙孟达余众七千余家于幽州。夏，入朝洛阳，帝亲问对外用兵之计，懿答以吴为先，并建议直取皖城、夏口。五月，帝命曹休向皖城，贾逵向东关，懿向江陵，三道攻吴。中途，懿奉命撤军回宛城。九月，曹休大败，病死。是岁，诸葛亮初出祁山，再出陈仓。

公元	干支	帝王年号	大事
230	庚戌	太和四年	五十二岁。二月，以曹真为大司马，懿为大将军。七月，命曹真、懿同时进军伐蜀。懿自西城斫山开道，泝沔而上。九月，大雨三十余日，遂退军。是岁二月，帝下切诏贬斥"浮华交会"，诸葛诞、邓飏等多人免职。春季，吴质入朝为侍中，数对帝言"陈群从容之士，非国相之才，处重任而不亲事"，又言"骠骑将军司马懿，忠智至公，社稷之臣也"。帝问尚书令陈矫，矫答："朝廷之望；社稷，未知也。"
231	辛亥	太和五年	五十三岁。春，诸葛亮第四次北伐，出祁山。二月，曹真病危，帝命懿西镇长安，都督雍、梁二州诸军事，督张郃、费曜、戴陵、郭淮诸将御敌。两军自三月相持至六月，魏军数败。蜀军粮尽还师，懿严命张郃穷追，至木门，郃中伏阵亡。
233	癸丑	魏明帝青龙元年	五十五岁。在关中穿成国渠，筑临晋陂，溉田数千顷。又自冀州徙农夫屯田于上邽。兴建京兆、南安、天水多处冶铁作坊，制造兵器。
234	甲寅	青龙二年	五十六岁。二月，诸葛亮第五次北伐，率众十万出斜谷，约吴同时大举。四月，亮至郿，屯五丈原。懿深沟高垒，坚守不战，与敌相持百余日。诸葛亮病逝，蜀军退，懿追至赤岸而还。
235	乙卯	青龙三年	五十七岁。正月，以御蜀功迁太尉，增封邑。是岁，帝大起宫室于洛阳、许昌，群臣皆谏。关东大饥，懿运长安粟五百万斛于京师。

续　表

公元	干支	帝王年号	大事
236	丙辰	青龙四年	五十八岁。十二月，陈群死，顾命大臣唯余懿一人。是岁，嫡长孙司马炎生。
238	戊午	魏明帝景初二年	六十岁。辽东公孙渊举兵抗魏，称燕王。正月，帝召懿入京，使之领兵四万攻辽东，懿预言一年之内可全胜而归。八月，破襄平，擒杀公孙渊及其官员民众近万人，收户四万，口三十万。十二月，魏明帝病危。
239	己未	景初三年	六十一岁。正月，军还河内，应诏急驰入京。初一日丁亥，受诏与大将军曹爽共辅少主。同日，曹叡死，曹芳继位为帝。懿以太尉兼侍中，持节都督中外诸军，录尚书台事，与爽各统禁军三千人，共执朝政，更直殿中。二月，曹爽奏请以懿为太傅、大司马，帝从朝议，以懿为太傅，持节统兵都督诸军如故。以其子师为散骑常侍，子弟三人封为列侯。
240	庚申	魏少帝曹芳正始元年	六十二岁。奏停修筑宫室之民丁万余人，节用务农。是岁，次子昭任洛阳典农中郎将，"蠲除苛碎，不夺农时，百姓大悦"，昭时年三十。
241	辛酉	正始二年	六十三岁。五月，吴军三路北侵，围襄阳，懿坚请自出御敌。六月，督军南下，败敌于襄阳。七月，军还，增封邑至四县一万户，子弟十一人皆封列侯。懿谦恭愈甚，每遇同乡先辈常林，必拜。又常诫子弟勿骄盈。

公元	干支	帝王年号	大事
243	癸亥	正始四年	六十五岁。九月，坚请自出击吴将诸葛恪于皖城。十一月，军至舒城，恪烧城而走。懿还至颍水南北，大兴屯田，广开淮阳、百尺二渠堰，又筑陂塘于颍水南北。从此，自寿春至京师，仓庾相望，屯田兵民连属不绝。是岁，魏宗室曹冏上书，力主"亲亲"以强干弱枝，希望感悟曹爽，爽不从。
244	甲子	正始五年	六十六岁。正月，自淮南还京。二月，曹爽兴大兵由骆谷伐蜀，懿止之不得。三月，爽至长安，五月无功而返。
245	乙丑	正始六年	六十七岁。八月，曹爽裁撤中垒、中坚二大营，将其兵马分配到其弟中领军曹羲麾下指挥。懿以立此二营乃先朝旧制，止之，爽不从。
247	丁卯	正始八年	六十九岁。四月，曹爽用何晏、丁谧、邓飏等制定的计谋，请郭太后从皇帝寝宫迁回到永宁宫居住，同时多树亲党，屡改制度，专擅朝政。五月，懿称病不预政事，麻痹对手，暗中筹划反击行动。
248	戊辰	正始九年	七十岁。密令长子司马师，暗中在民间培养三千名敢死队员。十二月，曹爽令心腹李胜登门刺探动态，懿佯装病重以迷惑之。

续　表

公元	干支	帝王年号	大事
249	己巳	魏少帝曹芳嘉平元年	七十一岁。正月初六日甲午，少帝到洛阳南郊拜祭先帝之高平陵，曹爽兄弟皆从。懿举兵据京城，与太尉蒋济出屯洛水浮桥，奏皇太后，废黜曹爽兄弟。初十日戊戌，以谋反罪逮捕曹爽兄弟，以及何晏、邓飏、丁谧、毕轨、李胜、桓范、张当诸人，尽诛之，夷其三族。十九日丁未，帝命懿为丞相，增封邑为八县二万户，奏事不名。懿固辞丞相。长子师以功任卫将军。当年秋，蜀将姜维攻陇右，以次子昭为安西将军，持节屯关中为诸军节度。昭不久转任安东将军，出镇许昌。九月，司空王凌与兖州刺史令狐愚谋立楚王曹彪。十二月，王凌任太尉，令狐愚病死。
250	庚午	嘉平二年	七十二岁。正月，少帝命懿立宗庙于洛阳，又大增其掾属，懿以久病，不复朝请，每有大事，少帝亲至其府邸谘访之。时懿专朝政，"擢用贤能，广树胜己，修先朝之政令，副众心之所求"，且"父子兄弟，并握兵要"。
251	辛未	嘉平三年	七十三岁。正月，王凌请大发兵防御孙吴，懿知其意，不许。四月，懿亲率中军顺流而下逼凌。五月，至丘头，凌降，以兵送京师，至项县，凌自杀。懿至寿春，穷治其事，诸相连者皆夷三族。六月，赐楚王曹彪死，又悉送诸王公置于邺县，命令伓率军监察，不得自由与外界交往。帝以懿为相国，封安平郡公，固辞不受。是月，患病。七月，以弟孚为太尉。又预作终制。八月初五日戊寅，司马懿病死于洛阳。长子师，以抚军大将军录尚书台事，总领朝政。

公元	干支	帝王年号	大事
255	乙亥	魏少帝 曹髦 正元二年	正月，司马师因眼病死于许昌，终年四十八岁。其弟昭以大将军录尚书台事，继领朝政。
263	癸未	魏元帝 曹奂 景元四年	夏，昭征兵十八万，分三道攻蜀。十一月，魏军攻克成都，蜀主刘禅出降，蜀汉灭亡。
265	乙酉	魏元帝 曹奂 咸熙二年	八月，司马昭死于洛阳，终年五十五岁。其嫡长子炎嗣位为相国、晋王，继领朝政，时年三十岁。十二月，炎受禅称帝，曹魏灭亡。西晋皇朝建立。
280	庚子	西晋武帝 太康元年	三月，西晋大军攻克建业，吴主孙皓出降，孙吴灭亡。至此，三国鼎立时期正式结束，天下重新归于统一。

附录二

三国知识窗·人物篇

曹操

　　"治世之能臣，乱世之奸雄"，这两句流传后世的曹操评语，其实是有问题的。首先，是出处不一致，《三国志》裴注引孙盛《异同杂语》，说是出自当时名士许劭之口；而刘义庆《世说新语》，又说出自当时名士乔玄之口。其次，《异同杂语》和《世说新语》两部书，《隋书·经籍志》都将其归为"小说"一类，即街谈巷语性质，追求的是生动奇特，而不一定准确真实。事实上，正史《后汉书》中的《许劭传》，还有另外一种版本，即当时精于人物品评的名士许劭，评价曹操为"清平之奸贼，乱世之英雄"，这是正史记载，可信度更高。汤用彤先生曾引用这一版本说，天下大乱，平乱端靠英雄，当时豪俊多以创业英雄自许，曹操更是如此，所以听了才会大悦。汤先生不愧是大家，目光如炬，能够看到历史的真相。另外，许劭的这一评语还有言外之音，就是正面激励曹操：当下时局已成乱世，正是你曹孟德大展英雄身手的绝佳时机，你可要赶快动手，不要错过良机啊！高度评价不说，而且热情加油，所以曹操才会兴致高昂，"大喜而去"。还有一个有利的旁证，就是《三国志》中的《先主传》记载，曹操与刘备饮酒时曾说："今天下英雄，惟使君与操耳！"他本人都说自己是"英雄"，并没有说自己是"奸雄"，对不对？

至于"奸雄"一词，据笔者撰写专文进行考辨，在当时是一个完全负面的贬义词，意思是在奸贼当中都可以称雄的大恶人，也就是头号大奸贼，头号大坏蛋，是危害社会的反面典型，人人得而诛之。到了后世，这个词语的含义有所变化，被理解为奸诈的英雄了，虽然品行上很奸诈，但是才能却很杰出，依然属于英雄一流。这种含义的变化，是后世专门为曹操量身定做的，但是完全不符合这一词汇在当时的准确含义。

总之，"乱世英雄"才是正解，"乱世奸雄"应为误说。

杨修

有种说法流传很广，即杨修被杀，是因为他对"鸡肋"的解释，触及曹操忌才之心。其实，此说并未点准穴位。正史明确记载杨修的死因有四条：颇有才策、漏泄言教、交关诸侯和袁氏之甥。

颇有才策，未必会有杀身之祸，因为曹操手下杰出才智之士甚多，并非一律招致了忌恨打击。

漏泄言教，即泄漏曹操的口头谈话和文件指示，史文并无确证。即便如"鸡肋"一事，曹操既已亲口说出，泄密的源头也是他自己而非杨修。

交关诸侯，即与曹操的子嗣交往密切，也非杨修一人如此。如丁仪、丁廙兄弟，就与曹植关系极其亲密，并未招致曹操的打击。

其实，杨修死因的真正关键，还在"袁氏之甥"这一条。杨修出自弘农杨氏，乃东汉顶级名门大族，政治影响极大。杨修之父杨彪，历任三公，忠于汉室，又娶袁术的姐或妹为妻，故杨修是袁术外甥。汝南袁氏也是顶级名门大族，四代三公，门生故吏遍于天下，与杨氏并称"东京袁杨"。杨氏和袁氏，是当时清流士大夫集团的权威代表。这一集团忠于汉室，反对宦官，以社会良知和道德正统自命。由于特殊的家世背景，杨家就与曹操结下深刻的恩怨情仇。当初曹操刚刚将汉献帝接来许县，准备"挟天子以令诸侯"时，因为杨彪是在献帝身边长期忠心侍从的名臣，在朝堂上又对自己面色严峻，曹操害怕杨彪谋害自己，立即将杨彪免职。不久，又借故以杨彪与僭逆称帝于淮南的袁术是亲家，想以大逆不道之罪诛杀杨彪，只是因为朝廷群臣纷纷尽力援救，曹操当时羽翼也尚未丰满，故将杨彪放过。而杨彪看到曹操野心逐渐显露，汉朝气数将尽，断然称病不出，拒绝给曹操捧场，长达十年之久。

在曹操眼里，以杨家为代表的这股正统政治势力，不仅与自己宦官家世有深刻的历史旧恨，更是自己取代汉室、创建新朝的巨大现实阻碍。于是曹操在分化瓦解他们的同时，又选择其中顽固派的代表杀一儆百，孔融、荀彧、崔琰、毛玠，先后就被诛杀和废黜。在此特殊政治情势之下，杨修的自炫才策、漏泄言教、交关诸侯等行为，在曹操眼中看来，都绝非偶然的个人行为，而是在其父支使之下，带有特殊政治意图的集团性举动，其意图就是要散播不安定的种子，在自己子嗣之间制造对立，为振兴汉室做远期准备。既然你杨彪年老称病退出政坛，不方便杀你，那就杀你正在充当我下属的儿子，难道还找不到理由吗？这样一来，言行不慎的杨修，面前就只有死路一条了。

总之，杨修之死，要害还在于他特殊的家世背景，特别是其父杨彪与曹操无法调和的政治冲突。用正史的话来表达，就是"袁氏之甥"四字。说他死于"鸡肋"的看法，就太表浅了。

诸葛亮与嵇康

诸葛亮被誉为"卧龙"，众所周知。卧龙者，等待时机飞腾九天之杰出人才也。但是，三国还有一位杰出人物，也被誉为"卧龙"，就是曹魏末期的嵇康。将史籍记载的嵇康与诸葛亮相比较，竟有多处的相似：

家境：都很早失去父亲，家庭不富裕，从小面临生存压力。

经历：都有山林情结，诸葛亮曾在隆中隐居，嵇康则是"竹林七贤"中人。

外貌：都身材修长，风度潇洒，诸葛亮身长八尺，嵇康身长七尺八寸。

性格：诸葛亮淡泊宁静，嵇康也恬静寡欲。

爱好：都有音乐情趣，诸葛亮爱吟唱《梁父吟》，嵇康喜弹奏《广陵散》。

擅长：都是文章高手，诸葛亮《出师表》慷慨悲壮，千秋传诵，令人洒泪；嵇康《与山巨源绝交书》文情并茂，一代名篇傲视当时。

要是二人有缘相遇，堪称珠联璧合，相映生辉。然而不幸的是，两人的生死结局却大不相同。孔明受明主知遇，出将入相，得以充分施展其抱负和才能；而嵇康却遭到当政者的忌恨，即便隐遁山林，依然逃不脱迫害，最后被司马昭斩首于洛阳的东市，年仅四十岁。

命运何以相去天渊？所处时代不同，是主要原因。孔明处于三国之头，正是东汉皇朝崩溃而群雄割据之时。群雄为了生存壮大，必须选贤用能。孔明遇到求贤若渴的刘备，自然会留下"三顾草庐"的佳话。反观嵇康，生不逢时，正好处于三国之尾，那是政治格局已经稳定的时代，牢固掌控权力并且准备终结曹魏的司马昭，没有生存壮大的压力，只有清除异己的谋划。此时越是经邦治国的大才，越是会受到当政者的特别注意，而这样的大才如果再有"反侧"之心，更是会遭到残酷的打击。嵇康之死，就是这种时代产生的必然后果。

但如从文化价值的体现来观察，孔明和嵇康的结局，又有"异曲同工"的深长韵味。孔明鞠躬尽瘁，死而后已，壮志未酬，遗恨千古，体现了完美事物发生缺陷的悲剧美。嵇康才情完备，志向高洁，横遭迫害，血溅刑场，也展示了完美事物遭遇毁损的悲剧美。先哲曾说：悲剧就是将美好事物毁损给人看。孔明、嵇康两条"卧龙"，就这样一同"毁损"在史册当中。而悲剧性的美感，又具有最能撼动人心的力量，难怪千载之下人们读到他们的史传和文章，依然会感动心灵，泪满衣襟。

马钧

曹魏宫廷官员马钧，是杰出的科技人才，先后造出已经失传的古代指南车，转动抽水灌溉的翻车。最妙的是，经他一改进，魏明帝御前一套原本各自分离，而且固定不能动作的综艺表演木偶，全部可以和谐呼应，完成各种灵活动作。舞女姿态翩翩，乐队击鼓吹箫，耍杂技的抛球掷剑，爬绳倒立。木偶都是自己从舞台后面出来，表演完毕又自己回到舞台后面，还能表演官员外出巡视，百姓舂米磨面，斗鸡取乐，真可谓变化多端。而所有的动力，都来自一套隐藏的木刻齿轮，暗中以水发动后，即可不停表演，完全称得上是中国最早的机器人组合。可惜在当时，科技被视为可有可无的"工巧"小技，马钧的杰出才能，并没有得到充分的发挥。

美女群体

三国时期最美丽的女性，并非名气极大的貂蝉，因为当时根本就没有一位名叫貂蝉的女性。就连芳名"貂蝉"，也是当时皇帝侍从官员的两种冠帽装饰物，即貂尾、蝉形黄金饰品。

当时实有其人的大美女，而且典籍文献中对其非凡容貌又有明确记载者，有曹丕的甄皇后"颜色非凡"，"姿貌绝伦"，建安七子之一的刘桢，甘心冒着犯罪丢监的危险也要正眼端详，一饱眼福。司隶校尉冯方的女儿，即袁术的夫人，"国色也"。吕布下属秦宜禄的妻子杜氏，"有异色"，关羽急于想要她，引起曹操的注意，先下手为强，占为己有。曹魏宗族成员曹洪，女儿"有美色"，嫁给最看重女性美貌的玄学名士荀粲，恩爱无比，可惜婚后一年多，曹氏死亡，荀粲悲伤过度，竟然也追随爱妻去了。曹魏的年轻皇帝曹芳，妃子邢氏，有"美色"。刘表的下属桂阳太守赵范，其寡嫂樊氏"有国色"，赤壁战后赵云奉刘备之命攻占桂阳郡，赵范要将寡嫂献给赵云进行拉拢，一身正气的赵子龙，断然拒绝。蜀汉臣僚刘琰之妻胡氏，"有美色"，正月初一进宫向皇太后贺新春，皇太后留她住了一个多月，回家后刘琰怀疑她与后主刘禅私通，命令勤务兵用鞋底扇她的粉脸，胡氏愤然去告官，刘琰为此竟丢了性命。桥公有二女，"皆国色也"。这对姊妹花，嫁给两大帅哥即孙策、周瑜，两对夫妻又还恩爱无比，真是世间难得一见的绝配。孙权步夫人，"美丽宠冠后庭"，可惜只生了两个女儿，不然早就当上皇后了。

以上甄后、冯氏、杜氏、曹氏、邢氏、赵范寡嫂、胡氏、大桥、小桥、步氏，共十位女性，组成了真正的三国美女群体。

明智女性

三国的明智女性，光彩不让须眉，此处只说两位。

第一位是曹魏许允的妻子阮氏。阮氏贤惠明智，可惜容貌有欠缺。成婚当天，丈夫许允与她见面，心生反感，立即转身出了洞房。亲友邻居好不容易将他劝推进去，他又要走，阮氏非常淡定，上前拉住衣服挽留。他问："妇女要有品性、言语、容貌、技能这四德，你具备几种？"阮氏反问："士人要有百种品行，夫君又具备几种？"许允傲然答道："全都具备！"阮氏立即追问："很好。但是，士人的百种品行，是以品德为先。夫君好色而不好德，怎么能说全都具备？"许允顿感羞惭，觉得妻子见识非凡，坐下来与之谈话之后，大为叹服，从此相互亲爱尊重。后来，她又在生死攸关的时刻，为丈夫，为儿子，正确指点处置办法，使家庭免于全部覆灭的大灾祸不说，还使后世昌盛平安。

第二位是曹魏王经的母亲。王经当上郡太守，明智的老母教育他："你是种田农民的后代，现今做到一个郡的行政长官，也就足够了。人贵在知足，世间上的事情，太过分，就会招致不祥，你应当到此为止了！"然而仕宦心太重的王经没有听从，继续在官场努力奔忙，最后做到司隶校尉时，果然被司马昭诛杀。

果敢女性

三国的果敢女性，光彩也不让须眉，此处也说两位。

第一位是孙权三弟孙翊之妻徐氏。孙翊出任丹阳郡太守，被掌兵的副手妫览谋杀。妫览得手后，开始霸占孙翊的妻妾和财产。徐氏临危不乱，假意与之周旋："再过几天就到月底，我请求在月尾那天，祭奠前夫后脱下丧服，好改穿吉祥服装，到那时就完全依你。"妫览大喜，连忙应从。徐氏立即暗中联络孙翊原来的忠实心腹将领，秘密布置。月底那天祭奠完毕，徐氏熏香沐浴，更换红妆，然后请妫览前来成其好事。徐氏出迎，趁其不备，高声发出信号。孙翊心腹将领一拥而出，当场斩杀妫览，然后召集兵马，彻底铲除反叛分子。徐氏重新换上丧服，率领众人，带上妫览头颅，到夫君墓前拜祭。消息传开，人人惊叹，传诵一时。

第二位是曹魏西海郡太守庞淯的母亲赵娥。当初赵娥出嫁后，其父惨遭同县恶霸李寿杀害，凶手却买通官府，逍遥法外。赵娥三个弟弟发誓报仇，却不幸先后病死。李寿得知李家男丁全都死亡，设宴庆贺。赵娥得知，暗中购买长刀短刃，昼夜练武。后来在县城长街之上，赵娥成功砍杀李寿于路旁水沟之中，然后到县政府自首，最后得到特别的赦免。

美男群体

三国时期真实的美男子，必须是典籍文献中，对其俊美长相有明确记载者。以此为准，割据幽州的公孙瓒"美姿貌"，算是一位。袁绍小儿子袁尚"貌美"，袁绍因为"奇其貌"，还想改立他为接班人，也算是一位。曹操能称大象体重的聪明儿子曹冲，"容貌姿美"，虽然十三岁死了，却是少年美男一位。曹操谋臣荀彧，"伟美""有貌"，祢衡说荀彧的美脸可以借给别人去吊丧，算一位。曹魏大臣何晏，"美姿仪，面至白"，虽然带女气，也算一位。曹魏竹林名士嵇康，"身长七尺八寸，风姿特秀"，也算一位。孙策"美姿颜"，因中箭破相而狂怒，当然算一位。孙吴的孙韶"身长八尺，仪貌都雅"，都者，美也，也算一位。周瑜"长壮有姿貌"，即又高大又俊美，肯定算一位。孙吴大将吕范"有容观姿貌"，他的富翁老丈人，因此顾不得吕家穷，顾不得自己妻子反对，硬将女儿许配给他，也算一位。孙吴大将朱据"有姿貌膂力"，所以孙权招他当女婿，算一位。孙吴大臣滕胤"为人白皙，威仪可观，见者无不叹赏"，刚成人就被孙权招为女婿，也算一位。

以上公孙瓒、袁尚、曹冲、荀彧、何晏、嵇康、孙策、孙韶、周瑜、吕范、朱据、滕胤，共十二名男性，组成了三国的美男群体。